AF455610

HISTOIRE
DE LA
PAROISSE SAINT-ETIENNE
DE NIORT

Abbé Hilaire GAUTIER
Vicaire de Saint-Etienne
Membre de la Société Historique des Deux-Sèvres

HISTOIRE
de la
Paroisse Saint-Etienne
DE NIORT

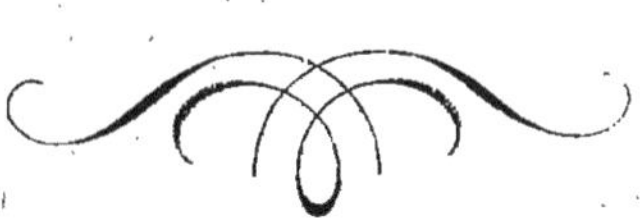

NIORT
Imprimerie Saint-Denis
11, Avenue Saint-Jean.

1922

Abbé Hilaire GAUTIER
Vicaire de Saint-Etienne
Membre de la Société Historique des Deux-Sèvres

HISTOIRE
de la
Paroisse Saint-Etienne
DE NIORT

NIORT
Imprimerie Saint-Denis
11, Avenue Saint-Jean.

1922

Poitiers, 9 Mai 1922.

BIEN CHER ABBÉ,

Je viens de parcourir les pages que vous avez consacrées à la paroisse de Saint-Etienne de Niort. C'est l'histoire de la création de cette paroisse et spécialement de la construction de son église, en même temps que le récit des nombreuses difficultés surmontées avant d'arriver à l'achèvement de ce temple magnifique.

Toute œuvre de Dieu ne doit-elle pas être marquée au coin de la souffrance! Le mérite de l'artisan principal n'en est que plus grand; déjà son évêque lui en a témoigné son admiration et sa gratitude, Dieu un jour l'en récompensera dignement.

L'œuvre est sans doute achevée et ce doit-être pour M. le Chanoine Riquet une grande consolation de voir, au soir de sa vie, se dresser superbe, au centre de sa paroisse, un temple, l'objet de ses pensées, de ses préoccupations, de son travail, le soutien de son zèle, ce temple qui restera une source de grâces toujours ouverte aux âmes qui viendront y puiser dans la prière et les sacrements la force divine pour les combats de la vie.

Sa suprême consolation serait, je le devine, de rencontrer des âmes généreuses qui assureraient l'avenir de son église en fournissant les ressources qui couvriraient le montant de l'impôt annuel (2.000 fr.) dont est frappé l'édifice, propriété privée, et celui des réparations courantes.

Je souhaite que ces lignes suscitent de tels bienfaiteurs! Ils mériteront grandement de Dieu et de la paroisse de Saint-Etienne. Ils enlèveront au vénéré curé et à leur Evêque une réelle préoccupation, éveillant en eux une vive reconnaissance.

Croyez, cher Abbé, à mon paternel dévouement en N. S.

† OLIVIER-MARIE
Ev. de Poitiers.

HISTOIRE
de la
Paroisse Saint-Etienne de Niort

Les Débuts

Nous ne nous arrêterons pas, dans cette histoire de la paroisse de Saint-Etienne, à considérer l'état religieux du quartier du Port depuis les origines. Histoire sera faite plus tard tant du prieuré de Saint-Martin que du prieuré de Saint-Etienne et du couvent des Capucins. Les habitants du faubourg bénéficiaient du voisinage de ces religieux qui par leur charité et leurs prédications soutenaient leur foi ; mais de paroisse proprement dite, il n'en existait pas avant la Révolution. Il n'y avait que des chapelles publiques.

En 1803, au moment de la réorganisation du diocèse, Mgr Jean-Baptiste-Luc Bailly, évêque de Poitiers, organisa le faubourg du Port en paroisse succursale de Saint-André de Niort.

C'est M. l'abbé Desplans qui fut nommé curé de la succursale du Port. Vicaire à Saint-André au début de la Révolution, il avait prêté le serment constitutionnel en même temps que son curé, M. Bridier, avec l'intention (comme lui) de n'y point comprendre le spirituel. Ce fut M. Desplans qui chanta la messe à Notre-Dame de Niort lors de l'élection de Ch. Prieur comme évêque.

Lorsque le Pape eut condamné la constitution civile du

clergé, l'abbé Desplans, ainsi que son curé, se rétracta d'une manière solennelle dans l'église Saint-André.

Il lui fut dès lors signifié — 18 juin 1821 — en même temps qu'aux autres prêtres non assermentés, d'avoir à cesser toutes les fonctions de son ministère, sauf la messe.

Lors des premières prescriptions, M. Desplans s'embarqua à Dieppe avec son curé, M. Bridier, et deux de ses confrères. Ensemble, il se retirèrent en Westphalie jusqu'à la fin de la tourmente. Revenu en 1800, il se fit rayer de la liste fatale sur laquelle il avait été inscrit comme réfractaire et émigré. C'est quelque temps après que Mgr l'évêque de Poitiers le nomma « *desservant du Port en Ville* ».

Malheureusement, il n'y avait ni église ni chapelle dans cette nouvelle paroisse, celle des Capucins ayant été démolie durant la Révolution. Devant l'impossibilité de construire immédiatement une église convenable, la paroisse Saint-Etienne fut supprimée par un décret impérial daté du palais de Milan le 10 prairial an XIII (29 mai 1805).

M. l'abbé Desplans retourna alors comme vicaire à Saint-André où il succéda, en septembre 1811, à M. Bridier comme curé. Il mourut en 1814.

La circonscription des paroisses de Saint-André et de Notre-Dame fut rectifiée et agrandie. Le quartier du Port fut partagé — pour ce qui est du service religieux — entre les paroisses de Saint-André, de Notre-Dame et de Sainte-Pezenne. Cette dernière assurait le service religieux de Saint-Martin, de la rue de Bessac jusqu'à la brasserie actuelle. La paroisse Notre-Dame et celle de Saint-André se partageaient le quartier à la hauteur de la rue du Four. La plus grande partie des habitants étaient paroissiens de Notre-Dame.

Cette organisation dura une cinquantaine d'années. Mais les habitants du Port n'étaient pas sans en souffrir. Les églises étaient éloignées et les deux paroisses de Saint-André et de Notre-Dame possédaient chacune un trop grand nombre de fidèles pour que ceux des faubourgs ne soient pas nécessairement négligés. Des protestations s'élevaient tant de la part des habitants du quartier de la Brèche, dont le nombre atteignait 4.005, que de ceux du quartier du Port, au nombre de 2.246, chacun revendiquant pour son quartier la fondation d'une paroisse.

Les demandes furent entendues et le 22 novembre 1851, le Conseil municipal émit le vœu « *que deux nouvelles paroisses soient créées dans la commune de Niort, l'une dans le quartier du Port, l'autre dans le voisinage de la place de la Brèche* ».

Le 1er mai 1852, le Conseil approuve à nouveau le projet et le préfet, M. Bourdon, saisi de l'affaire, adresse le 13 juillet de la même année à M. le Ministre de l'Instruction publique et des Cultes une lettre où il lui demande de prendre en considération les pétitions des habitants, les vœux du Conseil municipal, la nécessité de créer deux nouveaux centres religieux à Niort. Il le prie en outre de donner son consentement en accordant les crédits nécessaires pour les dépenses que cette création imposera à l'Etat.

La réponse se fit attendre près d'une année et ce fut le 4 juin 1853 que Napoléon III, empereur des Français, décréta que « *L'église de Saint-Etienne de Niort, canton de Niort, serait érigée en succursale* ».

L'autorité civile avait donné son consentement indispensable en vertu des articles 9 et 14 du Concordat. Restait à obtenir l'approbation épiscopale.

Mgr Pie désireux de cette fondation d'une nouvelle paroisse, voulait cependant éviter tous les heurts, ce qui était assez difficile. Quelques protestations s'étaient élevées contre le projet, surtout de la part du clergé de Notre-Dame, auquel on enlevait près de 1500 paroissiens. Mais la plus grosse difficulté provenait de ce fait que le quartier du Port n'avait pas d'église. La chapelle des religieuses du Saint et Immaculé Cœur de Marie pouvait, il est vrai, — quoique bien insuffisante — être utilisée en attendant un édifice plus grand.

Cette organisation fut acceptée et Mgr Pie, le 7 septembre 1858, « *ordonna que l'église de Saint-Etienne-du-Port serait érigée en succursale et appartiendrait au doyenné de Saint-André. La délimitation serait celle établie par l'autorité civile, à savoir que la paroisse comprendrait tout le territoire de la commune de Niort situé sur la rive droite de la Sèvre* ».

Comme il fallait mettre la paroisse sous le patronat d'un saint, Saint-Etienne fut choisi en souvenir du prieuré de Saint-Etienne, datant du XIIe siècle, dépendant de l'abbaye de Maillezais, et dont chapelle et bâtiments se trouvaient sur l'emplacement qu'occupent actuellement les Religieuses du Port.

Le quartier possèdait donc une paroisse et était autonome. M. l'abbé Taury, vicaire général, archiprêtre de Notre-Dame, protesta toutefois, non pas contre l'établissement de cette succursale, mais parce que « *aucune réserve honorifique n'avait été faite en faveur des deux églises matrices* ».

Aussi, dans une lettre à Mgr Pie, datée du 10 septembre 1858, il représente les exigences du droit canonique et les traditions qui réclament des marques de déférence des églises nouvelles envers les anciennes. Pour ces raisons et d'autres encore, M. Taury demande « *qu'une plaque d'inscription soit placée dnas le chœur de l'église Saint-Etienne rappelant les origines de la paroisse ; que l'archiprêtre de Notre-Dame — actuellement curé de la majorité des habitants de la section démembrée (1.483) — et le doyen de Saint-André, aient le droit de se rendre processionnellement dans l'église de la nouvelle paroisse lors des jours des Rogations. Le curé de Saint-Etienne devra, de son côté, conduire la procession de sa paroisse le lundi à Notre-Dame et le mardi à Saint-André, en marque de respect pour les églises matrices* ».

Ces exigences ne furent pas totalement remplies. Les processions se firent jusqu'en 1881, date où elles furent supprimées. Quant à la plaque, jamais elle ne fut apposée.

M. l'Abbé Boutineau

Le curé, choisi par Mgr Pie pour fonder et organiser la nouvelle paroisse de Saint-Etienne, fut M. l'abbé Philippe-Gabriel Boutineau, âgé de trente-cinq ans, neveu de M. l'abbé Taury, archiprêtre de Notre-Dame.

Né à Vivonne, le 26 août 1823, ordonné prêtre en 1847, il avait été successivement vicaire de Civray, de Notre-Dame de Niort, enfin aumônier des Frères à Poitiers, d'où il fut nommé, le 30 août 1858, curé de la paroisse que Mgr Pie allait fonder le 7 septembre.

Ce fut le 1er octobre 1858 en la Fête du Saint-Rosaire, que M. l'abbé Boutineau prit possession de son titre. Le bureau des Marguilliers était déjà constitué. La présidence appartenait à M. Junin, M. Boinot était secrétaire, MM. Poplineau, Bastard-Gendron et François Gâtineau, membres.

L'accueil fut parfait. Les habitants manifestèrent leur reconnaissance et les « *Dames Maichain* », furent trop heureuses d'offrir leur chapelle en attendant qu'une église paroissiale fut construite. Hélas ! on devait attendre encore bien longtemps, et M. Boutineau fut, dès les premiers instants, déçu dans ses espérances. Qu'on en juge par cette lettre écrite le 8 octobre, quelques jours après son installation : « *A la Préfecture et à « la Mairie, j'ai été bien reçu. Cependant, on renvoie à « une époque bien éloignée la construction de l'église ; et le « terrain est là tout prêt,* (probablement la place du Port). « *C'est M. Giraud, dont l'accueil a été plein de cordialité,*

« *qui me l'a indiqué, mais lui aussi n'entend pas que l'on* « *bâtisse de sitôt* ».

M. l'abbé Boutineau se le tint pour dit, et malgré le vif désir qu'il avait de voir s'élever une église sur sa paroisse, il ne fit plus aucune démarche dans ce but. Il s'efforça de fournir à la Fabrique les objets du culte qui manquaient presque totalement, et il obtint du Conseil municipal, le 8 novembre 1858, la somme de 2.035 francs pour achat des ornements nécessaires. Dans la même séance, le Conseil vote également la somme de 400 francs par an comme indemnité de logement pour M. le Curé. En 1861, la Fabrique devait percevoir un don de 1,000 francs d'un héritage de Mademoiselle Françoise Passebon.

M. l'abbé Boutineau, après avoir pris logement pendant quelques semaines chez les demoiselles Petit-Izambert 9, rue de Fontenay, habita ensuite rue de Bessac, dans une maison — actuellement pensionnat de jeunes filles — appartenant aux religieuses du Port. Cette maison demeurera la cure de Saint-Etienne jusqu'en 1894, sauf trois années durant lesquelles M. Guérin — nous le verrons plus loin — habitera au numéro 9 de la rue de Fontenay.

Le service s'organisait péniblement. Les autres curés de Notre-Dame et de Saint-André avaient trois vicaires chacun. Quatre messes pouvaient être dites chaque dimanche, tandis qu'à Saint-Etienne c'est à grand'peine que l'on pouvait assurer trois messes, grâce à la bonne volonté des Pères Oblats.

M. Boutineau manifesta son ennui à Mgr Pie : « *Cette parois-* « *se*, dit-il, *où il n'y avait pas de prêtre précédemment, a été* « *distraite de deux paroisses où les gens trouvaient la* « *commodité moins l'éloignement, l'éclat et la splendeur du* « *culte et des instructoins variées puisqu'il y a trois prêtres* « *de chaque côté. La comparaison de tant de richesses* « *avec tant d'indigence fait regretter parfois à cette pau-* « *vre nouveau-née son ancienne condition... La réduction* « *des messes donne lieu à de nouvelles plaintes* ».

M. Boutineau obtint, dès 1859-60, un vicaire dont le traitement de 600 francs était fourni par la Fabrique. Vers 1866, il fut question d'enlever le vicaire pour le remplacer par un prêtre, M. l'abbé Charnier, qui assurerait seulement une messe chaque jour ; l'affaire ne réussit pas.

Le ministère de M. l'abbé Boutineau fut des plus fructueux ; très bon, se faisant tout à tous, il avait su attirer à lui toutes les sympathies ; on le verra lors de la pétition qui sera faite pour empêcher son départ de la paroisse.

Toutefois, M. l'abbé Boutineaune sut pas se donner à la tâche qui lui avait été assignée d'organiser une paroisse et d'y construire une église. Etait-ce manque de savoir-faire ou d'énergie, peu importe. Rebuté dans sa demande dès son arrivée, il s'arrêta et ne s'occupa plus désormais de l'église à bâtir. Il se croyait du reste incapable « *par sa nature* », comme il l'écrivait, de mener à bonne fin cette œuvre-là. Plusieurs fois il avait exprimé le désir de s'en aller, ne pouvant se faire, disait-il, « *à cette position anormale* ».

Hélas ! Comme l'on se connaît peu. Il avait désiré partir et lorsque vint l'heure du départ, il supplia, en deux lettres désolées, qu'on ne le changeât point.

En 1874, en effet, Mgr Pie, se trouvant à Niort, interpella, dit-on, M. Boutineau en ces termes, au milieu d'un repas à l'archiprêtré où se trouvait réuni le clergé de la Ville ainsi que le préfet et le maire : « *Eh bien, Monsieur le Curé, elle ne s'élève pas vite votre église, et pourtant nous pourrions vous garantir déjà une somme d'environ 30.000 francs* ». Et M. Boutineau de répondre : « *Monseigneur, si vous voulez une église à Saint-Etienne, ne prenez pas un curé comme moi* ». La réponse était imprudente ; quelque temps après, au début d'octobre 1874, Mgr Pie enlevait M. l'abbé Boutineau à Saint-Etienne pour le nommer doyen à Champdeniers.

Le chagrin fut grand et M. Boutineau ne le cacha point « *La lettre de Votre Grandeur*, écrit-il le 18 octobre 1874, *m'a* « *plongé dans une grande perplexité. Le poste que vous*

« *daignez me proposer ne me sourit en aucune façon...*
« *J'eusse voulu vous adresser une acceptation pure et simple,*
« *ma conscienee ne me l'a pas permis.* »

Craignant de n'être pas écouté, M. Boutineau, demande timidement s'il ne pourrait pas aller à La Puye, mais la réponse de Mgr Pie, datée du 20 octobre, est inflexible, elle n'impose qu'une réponse « *Ecrivez-moi : Amen.* »

C'est ce que fit M. le Curé. Quant aux paroissiens de Saint-Etienne, ils envoyèrent, le 4 novembre 1874, à Mgr l'évêque de Poitiers, par l'intermédiaire du Maire, M. Maichain, une pétition signée de 251 habitants de la paroisse et de 227 des autres paroisses de Niort.

La démarche n'aboutit point et Mgr Pie justifia le rejet en ces termes ; « *M. Boutineau avait plusieurs fois exprimé la disposition où il était de quitter la paroisse, regrettant de n'avoir pas d'église et ne croyant pas pouvoir intervenir utilement à l'effet d'obtenir un résultat à cet égard.* »

Il n'y avait qu'à se soumettre, et M. l'abbé Boutineau partit pour Champdeniers, où il mourut le 15 mai 1893, âgé de 70 ans.

M. l'Abbé Guérin

M. l'abbé Sincère Guérin, âgé de 41 ans, fut nommé, le 19 novembre 1874, curé à Saint-Etienne. Le choix était heureux. Né à Chauvigny, le 6 mai 1833, ordonné prêtre en 1856, il avait été vicaire à Saint-Maixent et curé d'Oyron. Il déploya dans cette paroisse une grande activité et sût trouver, à force de quêtes et d'expédients, environ 40 000 francs pour restaurer l'église d'Oyron, classée parmi les monuments historiques. Son esprit d'initiative le désigna au choix de Mgr Pie qui lui confia la mission, non pas de restaurer, mais de construire une église sur la paroisse Saint-Etienne. C'était chose indispensable, toujours pour le plein fonctionnement de la paroisse.

M. l'abbé Guérin, mis au courant de la situation, prévoyait bien des difficultés. Ses prévisions furent de beaucoup dépassées et l'œuvre entreprise avec une généreuse activité, soutenue par un grand espoir, n'aboutit malheureusement point.

M. le Curé se mit cependant aussitôt à l'œuvre, et dès le mois de janvier 1875, nous le voyons en relation avec M. Ritter, qui recherche à Paris quelques types d'église très simple à charpente apparente, pouvant servir de modèle pour Saint-Etienne.

Le 5 février, le Conseil de Fabrique se réunit pour délibérer sur le projet de l'église. Tous, d'un commun accord, décident d'ouvrir dans un bref délai une souscription. A cet effet est nommée une commission composée de M. Junin comme secrétaire, de M. Boinot comme trésorier, et de M. le Curé. Copie de cette décision est envoyée au Conseil municipal. Une demande est faite en même temps pour obtenir de la commune un espace long de 35 mètres sur 17 mètres de large pris sur le terrain de la bascule (Place du Port), à l'entrée du Boulevard Main, et destiné à l'emplacement de l'église. Des secours en argent sont également demandés.

Dans la crainte où l'on est que le Conseil municipal ne crée par des difficultés, par son refus, ses objections ou la lenteur de ses réponses, ces Messieurs du Conseil de Fabrique vont de l'avant et décident, le 21 février 1875, « *qu'ils prennent la construction de l'Eglise sous leur seule responsabilité,* » que la Ville n'aura à fournir légalement aucun fonds en cas de déficit budgétaire. La Fabrique demande seulement une subvention toute bénévole. Elle déclare cependant que l'engagement ne sera pris qu'au moment de la cession d'un terrain par la commune. On ne pouvait être plus aimable. La Ville n'avait donc rien à craindre, n'ayant point à redouter de déficit au cas ou l'entreprise n'aboutirait pas.

Malgré cela, l'on sent dès ce moment, de la part du Conseil municipal, un manque de bonne volonté manifeste. Nous devons dire cependant que M. Maichain, alors Maire de Niort, était des plus favorable au projet. Une commission d'examen est nommée, composée précisement des membres les moins religieux.

M. l'abbé Guérin fait démarche sur démarche et pour que l'affaire soit plus vite solutionnée, il fait venir à la hâte l'un de ses amis, M. Daviau, architecte à Chinon, auquel, avec l'approbation de M. Ritter, il confie la mission de dresser le plan de l'église. Le plan est fait, rapide, et approuvé de tous. Le 13 mars 1875, le Conseil municipal vote une subvention de 20.000 fr. payable en 5 annuités. Il s'engage également à fournir gratuitement un terrain, mais refuse celui de la bascule.

Sans doute le terrain est promis, mais le Conseil ne se décide point à le livrer. Raison est donnée que deux projets de rue sont à l'étude : l'une qui ira des Ponts-Main à la route de Fontenay (rue Gambetta), l'autre qui continuera la rue Baugier en ligne droite jusqu'à Belle-Ile (rue qui ne fut jamais percée) ; l'on espère trouver à cette occasion un endroit convenable pour la construction de l'église et 1.000 francs sont votés pour l'étude de ce projet.

Plusieurs plans du quartier transformé furent alors établis et présentés au Conseil municipal. Dans chacun, un emplacement est conservé pour l'église.

Sur l'un, nous apercevons, au carrefour de la rue Gambetta et de ce qui devait être la continuation de la rue Baugier (à peu près en face de l'église actuelle), une place sur laquelle se dresse une basilique. Sur un autre plan, elle est établie en bordure de la rue Jean-Macé (autrefois le chemin des Champs). D'après un autre projet, l'église aurait pu être élevée dans les jardins à la hauteur et emplacement des maisons précédant l'école maternelle.

C'est dire combien il était facile de trouver un emplacement pour l'église. Mais le Conseil municipal ne se décide pas.

M. l'abbé Guérin vit cependant d'espérance. Il voit bien les difficultés, mais il compte en venir à bout.

Dès le 27 mars 1875, il publie une plaquette dans laquelle il annonce qu'une souscription va être lancée en vue de la construction de l'église Saint-Etienne. Les faveurs du Maire, M. Maichain, sont toutes acquises et les promesses du Conseil municipal sont formelles.

L'appel de M. le Curé a été entendu. La souscription fournit assez rapidement la somme suivante : 18.000 francs pour le seul quartier du Port ; 14.000 francs provenant des autres paroisses de la Ville ; au total 32.000 francs.

Tout le monde est dans l'enthousiasme, l'on entrevoit déjà l'église et M. le Maire, toujours sympathique au projet, entre dès le 10 mai en relation avec les propriétaires des immeubles que la construction de l'édifice devra atteindre. Un terrain en effet a été reconnu comme le plus convenable, de l'avis de tous, celui qui devra se trouver plus tard au Nord-Est du carrefour des rues Gambetta et Baugier prolongées (terrain actuel de l'église) et qui appartient aux dames Petit-Izambert, pour une grande part, à M. Sauquet pour une petite part.

Des prix sont déjà faits et Mlles Izambert offrent leur terrain au prix de 60.000 francs.

M. Daviau, chargé par M. le Curé, a dressé le plan de l'église. Elle sera de style ogival du XIIIe siècle et n'aura qu'une seule nef.

Elle comportera un clocher élevé placé sur la façade. Elle possèdera un transept. Les sacristies et servitudes seront groupées derrière l'abside circulaire, entre les piles qui contrebutteront, au moyen d'arcs-boutants, les voûtes du chœur.

La dépense totale sera de 130.000 francs. La Fabrique n'ose se décider, n'ayant actuellement à sa disposition que 32.000 fr. de souscriptions, 20.000 francs promis par la Ville et 3.000 fr. de fonds placés, ce qui produit un total de 55.000 francs. D'autre part, l'on hésite à demander des secours au Conseil général, Mgr Pie redoutant un refus qui impressionnerait mal.

Pour toutes ces raisons et à force d'artifices, l'architecte, sans modifier son plan général, déclare cependant qu'il sera possible d'arrêter les travaux à 81.000 francs, à condition que l'on supprime tout l'appareil décoratif et que l'on établisse les sacristies dans l'un des bras du transept, quitte à achever plus tard les travaux. Tout le monde est d'accord sur la nécessité pressante de réaliser ce projet d'un édifice qui contiendra près de 1.500 personnes au lieu de 200 environ que pouvait contenir la chapelle des Religieuses alors utilisée comme église paroissiale.

Le rêve va donc se réaliser !! Hélas !! il ne manque toujours qu'une chose, le terrain que le Conseil municipal, ne se décide point à donner, malgré ses promesses formelles du 3 mars 1875.

A quoi attribuer cette négligence ou plutôt cette mauvaise volonté ?... N'est pas l'époque où un vent de haine recommence à souffler contre l'Eglise, où la ligne de conduite va être tracée par Gambetta prononçant en mai 1877, ces paroles fameuses déjà écrites trente ans plus tôt par Peyrat, dans l'*Avenir National* : « *Le Cléricalisme, voilà l'Ennemi* ! » De partout, en province, l'on surveille les mouvements, et un bon nombre de nos Conseillers municipaux d'alors, par crainte de se compromettre ou mieux par haine prononcée, hésitent ou refusent de favoriser le développement religieux en répondant à l'appel des catholiques de Niort et en fournissant le terrain sur lequel doit s'élever une église.

Mgr Pie se récrie alors, et dans une lettre toute administrative mais pleine de fermeté, il demande à la Commune de tenir ses engagements et de donner le terrain promis.

Le Conseil de Fabrique, de son côté, fait une démarche auprès du Préfet, des Conseillers généraux et du Ministre lui-même, en vue d'obtenir des secours. De partout l'on ne reçoit qu'encouragements. Le projet est reconnu d'utilité publique, le plan de M. Daviau reçoit les félicitations de tous, mais le Conseil municipal, malgré les réclamations, repousse toujours l'exécution de ses promesses : « *Quand la chose sera possible* » (13 juillet 1875), et remet chaque fois l'affaire entre les mains de la Commission composée de : MM. Arignon, Giraud, Ayrault, Pellevoisin, Roche, Mousnier, Limouzain, Gerbault, Chebrou.

Deux ans, trois ans s'écoulent et l'affaire en est au même point. Le Conseil de Fabrique, protestant des marques de confiance qu'il a toujours données, ne cesse à chacune de ses réunions d'adresser au Maire et au Conseil municipal des réclamations à propos du terrain. Le même mauvais vouloir et le même renvoi à la Commission, qui ne se prononce jamais, sont les seules réponses aux protestations.

L'on essaie d'impressionner M. Arignon, alors maire de Niort, et par lui, le Conseil municipal, en faisant intervenir le Préfet, qui, en effet, blâme le Conseil pour son manquement à son devoir et à ses promesses.

Mais tout cela est peine perdue. Et pourquoi insister lorsque l'on voit plusieurs membres du Conseil municipal proposer, au début de 1879, la suppression des allocations données aux Frères pour les écoles communales,

Au mois de janvier de cette même année, le Conseil prétend ne pouvoir s'occuper de l'église Saint-Etienne, l'argent devant être disposé pour la construction des réservoirs du Vivier. Cette réponse est encore honnête, mais à la session d'avril (n'oublions pas que nous sommes sous le ministère Jules Ferry, que la politique anticléricale bat son plein, et que les disciples ont le regard fixé sur le Maître) l'on commence à parler franchement, l'on déclare « *qu'il n'y a pas lieu de procurer actuel-* « *lement à la Fabrique de la paroisse de Saint-Etienne* « *le terrain qu'elle demande pour y bâtir une église* » et plusieurs membres éprouvent même le besoin de faire « observer que « *la nécessité de la construction d'une* « *nouvelle église ne leur semble pas suffisamment dé-* « *montrée.* »

Que de déceptions pour M. Guérin qui s'adonnait avec tant d'ardeur, depuis cinq ans, à cette œuvre éminemment sacerdotale de la construction d'une église. Une chose est pourtant à remarquer : jamais ses lettres ne dénotent de découragement. Après l'exposé un peu triste de ses projets déçus, toujours nous le retrouvons cherchant par une autre voie à aboutir au même terme.

Quant à Mgr Pie, il ne se faisait point d'illusions et une année au moins les choses en restèrent là, au reste Mgr Pie venait d'être nommé cardinal, et la « *réserve* » qui lui avait été demandée à cette occasion, ainsi que son état de santé lui permettaient difficilement d'entrer en lutte ouverte.

Mgr Bellot (1880-1889), successeur de Mgr Pie sur le siège de Poitiers, instruit de l'état des choses par M. Guérin, s'intéressa dès son arrivée dans le diocèse au projet qui semblait devoir échouer, et tenta de le faire aboutir.

Un instant, au début de 1881, l'on pensa nommer M. le Curé de Saint-Etienne, doyen de Saint-André, croyant que cette détermination « *serait favorable à la construction de l'église* ». Mais cette affaire n'eut point de suite.

D'autre part, il était difficile de s'illusionner sur l'insuccès probable de l'entreprise. Les requêtes renouvelées, continuellement, à la municipalité, demeuraient toujours sans réponse.

Un seul moyen restait donc : agir sans le secours de la Ville et se mettre à l'œuvre avec les seules ressources de la charité. Mais les fonds disponibles sont toujours les mêmes, environ 55.000 francs et avec cela il faut construire une église dont le devis simplifié porte à 81.000, acheter un terrain qui reviendra à 71.500 francs ; Mgr Bellot n'hésite cependant pas. Il décide d'acheter en son nom personnel, et non avec l'argent des souscriptions, le terrain nécessaire et « *cela*, dit-il, *pour forcer la main au Conseil municipal* », car il protestera à nouveau auprès du maire, M. Proust, le 23 mai 1881, lui rappelant les promesses formelles de 1875. L'achat précipité de Mgr l'Evêque de Poitiers fut aussi motivé par la crainte d'une hausse considérable sur les terrains qui allaient bientôt être achetés par la Ville en vue du percement de la rue Gambetta ; hausse qui se produisit en effet.

C'est pour ces diverses raisons que, en avril 1881, Mgr Bellot acheta d'une part à Melles Petit-Izambert, et pour la somme de 66.000 francs, « *une maison située rue de Fontenay, n° 9, avec cour, jardin, servitudes et terrains adjacents, situés derrière et allant jusqu'à la rue du Four* », ce terrain constituait la majeure partie de celui où est actuellement l'église ; d'autre part, à M. Jean-Eutrope Sauquet, demeurant rue du Four, n° 28, « *une bande de terrain située au sud de ces dits terrains* », pour la somme de 5.500 francs. Tous ces achats se firent par l'intermédiaire de M. Pougnet, notaire.

L'opération était importante, et l'opinion s'en émut. Durant quelque temps il ne fut question à Niort et dans tous les milieux que de cette acquisition de terrain par Monseigneur. La majorité des habitants, surtout dans le Port, se réjouissait et une adresse fut immédiatement préparée pour être signée par les paroissiens et envoyée à l'évêque, afin de le remercier et de lui exprimer tous leurs vœux pour la construction de l'église,

La Presse elle même s'en mêla. « *La Revue de l'Ouest* », enthousiaste, cria victoire et publia un article que beaucoup, même M. le Curé, trouvèrent sinon exagéré au moins inopportun. Le « *Mémorial des Deux-Sèvres* » répondit sur le même ton virulent et sans grand argument pour légitimer la mauvaise volonté du Conseil municipal.

« *Le Conservateur* » et « *Le Poitou* » notèrent simplement la chose et s'en réjouirent. Au reste, durant toutes ces luttes et démarches entre la Fabrique de Saint-Etienne et la municipalité, de nombreux articles favorables ou opposés parurent dans les différents journaux. Il serait trop long d'en donner même des citations, les arguments étant toujours les mêmes. Dans les milieux officiels l'on s'inquiéta, l'on crut voir dans cet acte de l'Evêque une scission avec les autorités civiles.

L'abbé Guérin s'empressa d'aller trouver Préfet et Maire pour leur expliquer que la grande raison de l'empressement de Mgr Bellot avait été d'éviter les augmentations considérables qui allaient se produire lors du percement de la nouvelle rue. Deux jours après, en effet, le 7 mai 1881, le trompette public passait dans la ville annonçant l'ouverture de la rue Gambetta et demandant aux habitants de signaler les inconvénients qu'il y aurait à entreprendre cette voie. Peu d'objections furent posées, mais les prix de vente s'accrurent aussitôt.

L'on comptait bien toujours — du moins dans les échanges de lettres — sur le concours de la municipalité et Mgr Bellot réclamera plus d'une fois encore l'excécution des promesses. « *Tous les esprits sont préoccupés de l'issue de l'affaire,* « écrit M. Guérin à Monseigneur le 11 mai 1881, *et nous* « *avons besoin d'une intervention divine produisant de* « *vrais petits miracles* ». Jamais découragé, M. Guérin voyant cependant que, auprès de la municipalité, il n'y avait toujours rien à faire, demande à Mgr Bellot de s'entendre avec le Maire de Niort, puis d'aller à Paris. Il faudrait, dit-il, influencer nos conseillers municipaux par l'intermédiaire de M. Proust, maire et député des Deux-Sèvres, et par l'intermédiaire du gouvernement, cela avant l'importante session de mai.

Le 13 mai, une note est expédiée par le Conseil de Fabrique à la municipalité, toujours dans le même but et pour les mêmes réclamations. Mgr Bellot écrit le 23 mai en termes identiques à M. le Maire, lui donnant les raisons qui ont motivé son achat, lui envoyant le plan des terrains et celui de l'église et réclamant une fois de plus l'exécution des promesses faites en 1875.

Mais il arriva tout simplement ceci : la lettre de l'Evêque ne fut pas transmise par le Maire au Conseil municipal et l'affaire de Saint-Etienne fut, à la session de mai, passée sous silence.

Malgré cela et malgré l'aveu que « *très aimablement, M. Jac-* « *quet, conseiller municipal, fait à M. Guérin, que la politi-* « *que étant en opposition avec la religion, elle ne permettrait* « *pas de s'occuper de l'église favorisant les religions* », celui-ci compte cependant sur la session de juillet et prie une nouvelle fois Mgr Bellot d'insister auprès de M. Proust. Que d'illusions !...

L'affaire cependant commençait à se compliquer. Le terrain était acheté et la ville ne voulait pas en rembourser le prix. Dilemne fort gênant ! Et pourtant on ne pouvait pas, devant l'opinion, paraître découragé, ç'eût été repousser toutes les bonnes volontés.

En septembre 1881, Mgr Bellot décide d'utiliser ces terrains. La maison qui donne sur la rue de Fontenay est déjà en partie réparée et organisée pour faire un presbytère où s'installera bientôt M. Guérin. Quant à l'église, on en commencera l'édification « *pour affirmer l'utilité publique de l'entreprise* ». Par manière d'économie, on utilisera les matériaux des maisons démolies sur le terrain acheté. M. Daviau est dès maintenant prié de creuser les fondations.

Il est à noter que le terrain acheté par Mgr l'Evêque aux demoiselles Petit-Izambert n'était payable que dans un délai de 14 ans et 9 mois à partir du jour d'entrée en jouissance, c'est-à-dire du 28 octobre 1881. Pour parer à des éventualités fâcheuses en cas d'impossibilité de paiement dans l'avenir, il fut fait dans le début de novembre 1881, et à part, un acte d'achat payable immédiatement du seul espace où devait se construire une église. C'était une heureuse mesure de sûreté dûe aux conseils de M. Pougnet.

La pose de la première pierre du nouvel édifice fut enfin décidée pour le mardi 22 novembre 1881, à 3 heures 1/2.

Grande solennité fut faite à cette occasion.

« Entouré d'un nombreux clergé au milieu duquel on « remarquait M. Richard, vicaire général, archiprêtre de « Notre-Dame; MM. Combes et Héline, vicaires généraux « honoraires à l'évêché de Poitiers ; M. Crétin, archi- « prêtre de la cathédrale de Poitiers; M. Poutier, secré- « taire ; M. Rabeau, curé de Saint-André de Niort ; M. Gi- « roire, curé de Saint-Hilaire, entouré de tous les membres « de la Fabrique de Saint-Etienne et d'un grand nombre « de notables de la paroisse, entouré de la plus grande « partie des paroissiens s'étaient joints par sympathie à « l'œuvre de nombreux habitants des autres paroisses de « la Ville, Monseigneur prononce un discours religieuse- « ment écouté. L'expression énergique des intentions géné- « reuses de l'illustre prélat pour tous les fidèles de son « diocèse et en particulier ceux de la paroisse Saint- « Etienne, ainsi que les sentiments les plus gracieux et « les plus délicats ont profondément ému l'auditoire. Sa « Grandeur, en rappelant avec reconnaissance les efforts « tentés par son prédécesseur sur le siège épiscopal de « Poitiers, l'éminentissime Cardinal Pie, n'a oublié aucune « des personnes qui ont à divers titres facilité le com- « mencement des travaux. La confiance absolue dans le « succès de l'œuvre ne saurait être ébranlée. Il a foi dans « les prières nombreuses adressées au Seigneur, sans « lequel tout l'édifice ne saurait être solidement bâti ; il a « foi dans le zèle et dans l'honorabilité des autorités dont « le concours est légitimement dû ; il a confiance dans

« *la générosité des chrétiens de la Ville de Niort et des* « *fidèles de son diocèse ; il a confiance dans la protection* « *de saint Etienne, patron de la paroisse, qui premier* « *martyr a donné l'exemple du dévouement héroïque aux* « *œuvres de Dieu. Il a confiance dans l'appui maternel de* « *la Bienheureuse Vierge Marie, que ses enfants n'invo-* « *quent jamais en vain.*

« *Après ces paroles prononcées avec une éloquence dont* « *le digne évêque trouve toujours le trésor dans son cœur* « *vraiment paternel, eurent lieu les cérémonies, prescrites* « *par la Sainte Liturgie pour la Bénédiction d'une église.* « *La foule des fidèles se presse sur le passage de Monsei-* « *gneur et les mères demandent avec avidité sa bénédiction* « *pour leurs chers enfants.* »

Hélas ! pourquoi ce beau jour demeura-t-il sans lendemain ! L'on pourrait peut-être aussi ajouter : Pourquoi tant d'empressement devant un avenir si incertain et en présence d'une opposition si formelle du Conseil municipal !

Le soir de la Bénédiction de la première pierre, Mgr Bellot vient visiter le nouveau presbytère où allait s'y installer quelques jours après M. le Curé de Saint-Etienne.

L'enthousiasme n'avait pas été aussi grand que l'on aurait cru. Beaucoup avaient peur. Depuis 1875 l'on attendait, la lutte continuait et l'opposition anticléricale s'accentuait chaque jour.

Les souscriptions recueillies cinq ans auparavant n'étant pas encore utilisées, l'on hésitait à quêter de nouveau. Or la somme recueillie n'atteignait qu'à peine la moitié des dépenses prévues. L'architecte avait du en effet modifier ses prix, la main-d'œuvre et les matériaux ayant augmenté.

De plus, les terrains sur lesquels devait se construire l'église étaient sans doute achetés par Mgr Bellot; mais la majeure partie, les 66.000 francs dûs aux demoiselles Izambert, n'étaient payables qu'en 14 annuités et les 5.500 francs dûs à M. Sauquet, en 10 annuités, l'intérêt de 5 °/o de la somme devant être payée chaque année. Ces propriétés étaient libres de toute hypothèque, toutefois Mlles Petit-Izambert garantissaient avec les revenus des terrains vendus les dettes de l'un de leurs parents qui sut plus d'une fois présenter ses réclamations.

Dix ans, quatorze ans pour payer un terrain, c'était beaucoup et l'on pouvait escompter la disparition de Mgr Bellot. Qu'adviendrait-il alors pour la Fabrique, avec quoi paierait-elle? ou bien entre quelles mains passerait le terrain ?

Toutes ces réflexions bien sages déterminèrent le Conseil de Fabrique à ne rien presser.

La réunion faite le 17 décembre 1881 — vingt jours après la pose de la première pierre — pour s'occuper de la construction de l'église n'aboutit à rien. L'on attendit et même un « *sentiment de découragement* » se fit sentir au début de 1882.

M. Pougnet, notaire, chargé de traiter les questions de ventes et d'achats, voyait un gros inconvénient pour la Fabrique à bâtir sur un terrain qui ne lui appartenait pas. Il désirait que Mgr Bellot lui fit don de ses propriétés nouvellement acquises. Plusieurs lettres instantes furent adressées à cet effet mais sans aboutissement. L'année 1882 se passa ainsi. Une partie des terrains fut vendue à la ville qui en avait besoin pour percer la rue Gambetta.

Comme de juste, au milieu de ces discussions d'ordre financier, il n'est plus question de bâtir l'église. M. Daviau se démène. Il voudrait bien que la situation soit nette pour ce qui regarde la propriété du terrain, afin de commencer son œuvre. Quant à M. Boyer, de Saint-Florent, qui a été choisi comme entrepreneur, il s'impatiente. Trouvant qu'on le laisse trop longtemps en haleine, il écrit, le 29 juillet 1882, au Président du Conseil de Fabrique, lui demandant si oui ou non, l'on commencera les travaux. Il réclame une réponse dans les huit jours, menaçant d'une demande en dommages et intérêts pour des travaux auxquels il a renoncé en prévision de ceux de Saint-Etienne. Le Président lui répond en rappelant que dans le procès-verbal d'adjudication, l'entrepreneur ne doit se mettre à la tâche qu'après donation faite du terrain à la Fabrique; or,

Monseigneur n'a pas encore fait cette donation, donc... et à cela M. Boyer ne peut rien dire, s'étant engagé lui-même, sans fixation de date. Toutefois, le 14 août 1882, Mgr Bellot le délivre de ses obligations.

En 1883, la situation se complique. Les intérêts à verser absorbent et bien au-delà les recettes faites sur les terrains loués à l'entour de celui réservé pour l'église. Mgr Bellot s'en inquiète, il manisfeste même son mécontentement en constatant que l'argent des souscriptions de 1875, qu'il croyait placé et dont l'intérêt eût servi à payer la différence, ne l'était nullement et ne rapportait rien. Aussi écrit-il, le 24 février 1883, à M. le Curé de Saint-Etienne pour le prier de demander à M. Pougnet de vendre les terrains par lui achetés, sauf celui réservé pour l'église.

Le 31 mai 1883, il annule l'adjudication des travaux faits le 18 décembre 1881, c'est-à-dire qu'il renonce désormais à la construction de l'église. La raison en est, dit-il, que la ville a refusé non seulement d'exécuter les promesses faites par elle le 13 mars 1875, mais encore qu'elle n'a pas voulu se prêter aux combinaisons proposées pour arriver à l'accomplissement de ses promesses ; « *Je ne vois aucun inconvénient*, ajoute-« t-il le 31 mai 1881, *à ce que vous fassiez droit aux récla-« mations des souscripteurs qui demanderaient à retirer « le montant de leurs souscriptions, d'autant plus que « ceux qui ont exprimé ce désir ont manifesté l'intention « de lui donner un emploi dont le but serait de conserver « la possibilité dans un avenir plus au moins éloigné de « placer l'église paroissiale du Port au centre de ce quar-« tier.*

« *Les souscriptions qui nous demeureront devront être « consacrées à la destination pour laquelle elles ont été « versées.* »

Aucun souscripteur, malgré les quelques réclamations qui avaient motivé cette lettre, ne retira la somme par lui donnée.

La Fabrique se trouvait donc de ce fait toujours en possession de ces 32.000 francs provenant des souscriptions. Qu'en faire ? Malgré qu'il eût échoué, le projet de construction d'une église tenait toujours au cœur des paroissiens de Saint-Etienne. Les difficultés dernières provenaient toutes de la question du terrain refusé d'abord par la ville, mais non encore payé par Mgr Bellot. L'on décida donc alors de s'assurer un terrain sur lequel, si le Bon Dieu le permettait — et le Bon Dieu l'a permis — l'on verrait un jour s'élever une église, le terrain était là tout près, celui que Monseigneur dans son ordre de vente du 24 février 1883, avait réservé pour la construction possible d'une église. M. Boinot, trésorier de la Fabrique, l'acheta donc et le 4 juillet ce terrain fut vendu à la Fabrique pour la somme de 23.050 francs, somme qui fut payée avec l'argent provenant des souscriptions.

La Fabrique était enfin en possession d'un emplacement pour construire l'église. Quant aux terrains et propriétés que Monseigneur avait achetés en 1881, ils furent revendus. M. Riffault acheta, le 18 août 1883, les vieilles maisons dites « *Ancien roulage* » au prix de 18.000 francs. Contrairement à ce qui a été dit quelquefois, Monseigneur ne perdit rien dans ces opérations, grâce à la sagacité de M. Pougnet. Il garda simplement la cure qui, après le départ de M. Guérin, en 1883, fut d'abord louée à M. de Lacoste et ensuite achetée par celui-ci.

Le rêve de M. l'abbé Guérin ne s'était hélas ! point réalisé. Il était arrivé plein d'ardeur et de flamme, décidé à construire l'église tant désirée de tous ; malgré les difficultés qui ont surgi nombreuses, il ne s'est point découragé. Dépensant sans compter, multipliant visites et démarches, courant de droite et de gauche, jusqu'à la dernière minute son zèle est demeuré le même. Il vit cependant qu'il ne serait pas l'homme de la situation, son rôle était joué, et Mgr Bellot l'envoya à Chatellerault, curé de la paroisse Saint-Jean-l'Evangéliste. Après quatorze ans de ministère, en 1897, il vint comme doyen à Saint-Maixent où il y avait été vicaire. Il fut enfin rappelé à Poitiers pour occuper à la cathédrale une stalle de chanoine titulaire qu'il conserva jusqu'à sa mort.

M. l'Abbé Chauvin

M. l'abbé Chauvin fut choisi par Mgr Bellot pour prendre la place devenue vacante de Curé de Saint-Etienne, et de plus pour mener à bonne fin si possible l'œuvre toujours projetée d'une église paroissiale.

Né en 1839, à Saint-Aubin-de-Baubigné, M. l'abbé Chauvin avait été ordonné prêtre en 1862. Bachelier en théologie et en droit canonique, il fut directeur de l'école libre de Châtillon, puis curé de Moutiers-sous-Chantemerle, d'où il fut appelé en 1883 au poste de Saint-Etienne.

La cure qu'avait occupée pendant deux ans M. l'abbé Guérin venait d'être louée à M. de Lacoste et le nouveau Curé retourna dans l'ancien presbytère de la rue de Bessac (aujourd'hui pensionnat de jeunes filles). M. l'abbé Chauvin avait un grand désir de voir sa nouvelle paroisse dotée d'une église, mais quand il connut les difficultés qui avaient entravé l'œuvre, il s'arrêta. Il se voua alors et simplement à la direction spirituelle de sa paroisse et du troupeau d'élite qui lui était confié, étant à la fois curé de Saint-Etienne et aumônier des Sœurs du Saint et Immaculé Cœur de Marie. La Communauté reçut, sans aucun doute, une heureuse impulsion de son pasteur sage et dévoué, mais l'édification spirituelle des âmes lui fit perdre de vue l'édifice matériel à construire dans la paroisse.

Les années se passèrent donc sans qu'il fut question d'élever une église.

Malheureusement il fut question d'autre chose. Le Conseil

municipal, dont l'opposition manifeste s'était toujours accrue, parlait maintenant de supprimer la paroisse. Le 12 février 1886, le Conseil municipal votait en effet purement et simplement la suppression de la paroisse et de ce chef refusa les 400 francs accordés depuis plus de trente ans comme indemnité de logement à M. le Curé. Heureusement que dans cette question la commune seule n'avait pas voix délibérative. Mgr Bellot, le 4 août suivant, protesta énergiquement dans une lettre adressée au Préfet et le Ministre des Cultes refusa d'accepter la suppression de la paroisse. Pour ce qui regardait l'indemnité de logement, la commune étant seule en cause, ne voulut rien entendre. Les demandes au Préfet, les protestations du Conseil de Fabrique, rien n'y fit. Au reste l'Evêché ne s'émut pas trop pour ces 400 francs supprimés et aux doléances présentées par M. le Curé, il fut répondu : « *Que la Communauté pouvait bien loger M. le Curé pour rien.* » Gratuité qui ne fut du reste pas acceptée par les religieuses.

Après trente-deux ans d'existence, la paroisse n'avait pas encore réalisé le projet si cher à tous de l'édification d'une église pourtant si nécessaire.

M. l'abbé Chauvin fut alors transféré, le 3 mai 1891, à la cure de Saint-Jean-de-Montierneuf, à Poitiers. Quelques semaines plus tard, il fut nommé chanoine honoraire. Il démissionna et prit sa retraite au début de 1907.

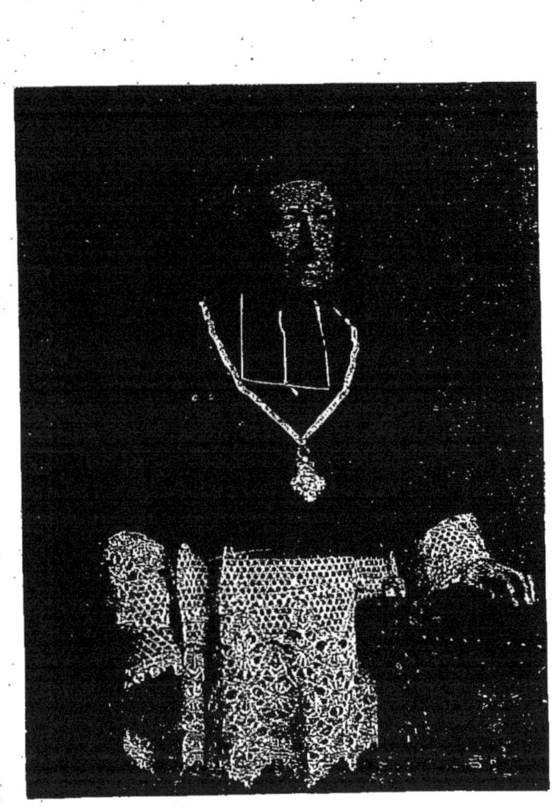

M. le Chanoine RIQUET

Curé de Saint-Etienne

M. l'Abbé Riquet

Trois évêques s'étaient succédé, trois curés aussi, tous remplis du même désir de voir s'élever une église dans le quartier du Port avaient vu leurs espérances déçues. Mgr Juteau, depuis deux ans (1889) évêque à Poitiers, chercha un prêtre auquel il put confier la tâche d'organiser définitivement la paroisse. Les regards se portèrent de différents côtés, mais il ne découvrait pas dans ceux qui lui étaient présentés les qualités suffisantes pour entreprendre une telle œuvre.

Passant à Lussac, en 1891, il se rappela qu'il y avait non loin de là, à Sillards, un curé qui par son zèle, sa ténacité et son jugement, avait su restaurer la paroisse tant au point de vue surnaturel qu'au point de vue matériel. Ce curé était M. l'abbé François Riquet. Né à Curzay, canton de Lusignan, le 11 mai 1848, il avait été ordonné prêtre le 25 mai 1872 en la veille de Trinité. Nommé successivement vicaire d'Angles durant quelques mois, vicaire de Notre-Dame de Montmorillon pendant quatre ans, on lui avait confié le poste intéressant mais difficile de Sillards.

Dire le bien que fit le nouveau curé dans cette paroisse durant les quatorze ans qu'il y demeura, le nombre d'hommes considérable que dès les premières années il ramena aux pratiques religieuses, dire l'estime de tous les habitants pour lui, le souvenir qui en est resté et demeure encore à Sillards chez tous ceux qui ont connu M. l'abbé Riquet serait trop long, d'autant que nous faisons l'histoire d'une paroisse et non celle d'un curé. Mgr Juteau connaissait toutes ces qualités de dévouement, de bon sens, de dignité sacerdotale qui avaient fait tant aimer M. le Curé. Il savait aussi que l'église, en grande partie, avait été restaurée par lui, que deux absides avaient été construites, etc.. Cela lui suffit pour faire choix de M. l'abbé Riquet et le transférer malgré ses supplications au poste de Saint-Etienne de Niort.

Le sacrifice était grand. Quitter un troupeau si fidèle, tant aimé, abandonner un chantier si heureusement terminé pour s'en aller vers d'autres horizons ou des difficultés sans nombre se faisaient entrevoir, pour essayer d'entreprendre une œuvre que personne jusque là n'avait pu faire aboutir.

Le cœur saigna, mais la conscience de prêtre parla et fit taire tous les sentiments.

M. l'abbé Riquet, nommé officiellement le 30 juin, vint donc, le 9 juillet 1891, prendre possession de son nouveau poste. Sa mission était la suivante et nettement définie par Mgr Juteau « *construire une église pour abriter le troupeau qui lui était confié par la Providence* ».

L'Entreprise

Il n'est pas besoin de dire avec quelle perplexité le nouveau curé envisagea la tâche à remplir, surtout quand il sut tout ce qui avait été déjà entrepris inutilement, quand il connut l'opposition toujours croissante du Conseil municipal, quand il se rendit compte du manque de ressources sur la paroisse. Prudent et réfléchi il ne voulut rien presser et ce ne fut qu'au bout d'un an, après avoir bien examiné les positions, qu'il convoqua le 16 octobre 1892 le Conseil de Fabrique afin d'étudier le projet d'une église. M. Boutaud, architecte diocésain, que son talent, sa piété et son amitié pour M. le Curé avaient fait choisir afin de dresser le plan du futur édifice, était présent à cette réunion.

Il fallut que l'emprise de M. l'abbé Riquet soit forte sur plusieurs de ces fabriciens qui déjà avaient assisté à de semblables réunions pour prendre des décisions qui jamais n'avaient abouti.

Les motifs allégués étaient toujours les mêmes : impossibilité de supprimer une paroisse existant depuis plus de trente ans, difficulté pour les fidèles de se réunir dans une chapelle aussi étroite que celle de la Communauté, nécessité de construire une église suffisamment spacieuse pour les besoins du culte, enfin et surtout ordre de Mgr l'Evêque.

De l'emplacement de la dite église, il ne fut point question. Acheté, nous l'avons vu, en 1883, le terrain demeurait toujours en bordure de la rue Gambetta. Seules furent engagées les questions d'argent et de ressources.

D'après les projets de l'architecte, l'église mise « *sous couverture sans le clocher et les absides* », revenait à 109.000 fr. Les dépenses prévues pour l'église achevée approchaient de 200.000 francs. La somme semblait trop considérable et l'on pria l'architecte sinon de renoncer à son projet au moins de procéder à sa réalisation « *par parties séparées* ». L'architecte s'exécuta et le devis baissa pour la partie à entreprendre à 69.503 fr. 52. Cette portion de l'édifice une fois construite, le culte pourrait s'y exercer en attendant l'achèvement des autres parties.

Les membres de la Fabrique acceptèrent de marcher à la suite de M. le Curé et firent offre ferme pour le travail prévu d'une somme de 40.000 francs. L'on se proposa de demander la différence au Ministère des Cultes.

Mais la même question au sujet de laquelle les projets antécédents avaient échoué se reposa à nouveau. Pouvait-on demander à la ville, sinon une somme d'argent au moins une approbation du projet, condition nécessaire pour obtenir une subvention du Ministère des Cultes? Le moment semblait peu propice pour demander même une petite faveur à ceux qui, quatre ans auparavant, avaient décidé la suppression de la paroisse. M. le Curé, cependant, voulut user de tous les moyens. Il se rendit chez chacun des conseillers municipaux ; de tous il reçut, outre un bon accueil, la promesse de favoriser le projet de construction de l'église Saint-Etienne. Mais — ô instabilité des décisions et surtout des promesses humaines ! — lors de la délibération, c'est-à-dire quelques jours après, l'approbation du projet fut nettement refusée. M. Disleau était, dit-on, passé par là. Veulerie ou platitude, ne qualifions pas ; ce qui est certain, c'est que la porte était désormais fermée à toute allocation officielle. Il fallut donc marcher seul et compter uniquement sur la charité.

La Fabrique pouvait désormais difficilement entreprendre la réalisation du projet d'église, gênée qu'elle serait par l'ingérence continuelle des agents officiels dans ses affaires. M. le Curé organisa alors une société civile composée d'un certain nombre de membres prenant la responsabilité de la construction en dehors du visa de l'Etat. Elle acheta à la Fabrique le terrain dont elle devint propriétaire. C'est cette même société civile qui demeure actuellement encore propriétaire de l'église et du presbytère de Saint-Etienne.

Les Ressources

Le plan était tracé, les difficultés anciennes provenant des oppositions municipales n'étaient plus à craindre, le chemin était libre, la réussite certaine, à condition que l'on trouvât de l'argent. La chose avait son importance et c'est pourquoi M. le Curé attendit encore près d'un an, voulant voir avant d'entreprendre l'église, si les sympathies lui étaient assurées et si l'on marcherait bien à sa suite.

Non seulement les encouragements ne manquèrent pas, mais sur la demande de M. le Curé, qui voulait un témoignage palpable de ces bonnes volontés, les bourses se délièrent.

M. l'abbé Richard, archiprêtre de Notre-Dame, M. l'abbé

Rabeau, doyen de Saint-André, M. l'abbé Chartier, curé à Saint-Hilaire, ouvrirent la liste de souscription en versant chacun une somme importante. En l'espace de trois mois, quarante-quatre prêtres de Niort et d'ailleurs réunirent la somme de 3.912 francs.

De la Grande-Chartreuse furent envoyés 500 francs. Les marguilliers et membres de la société civile offrirent à titre personnel 3.700 francs. Plusieurs membres de la société de Saint-Vincent de Paul figurent au total pour la somme de 1.055 francs. L'architecte n'accepta pour ses plans que des remerciements sans aucune gratification. Des dons généreux furent envoyés de partout, 18.580 francs arrivèrent de la sorte. Et en novembre 1893, l'on se trouvait en présence d'une somme de près de 28.000 francs, qui avec les 8.000 francs que M. le Curé avait trouvé en arrivant (reste des souscriptions de 1875) formaient une somme de près de 36.000 francs.

Le Bon Dieu avait écouté les prières de M. le Curé et celles aussi des saintes Religieuses, qui en grand nombre avaient apporté leur concours. Dès le début de l'œuvre, en effet, M. le Curé avait écrit à tous les Carmels de France pour demander que des supplications s'élèvent vers le ciel en vue d'obtenir des grâces pour l'heureux achèvement de l'église.

La voix du pasteur avait été entendue. Sûr désormais qu'il ne serait point abandonné, M. le Curé, de concert avec les membres de la Société civile, mit à l'œuvre les ouvriers, et le dimanche 15 octobre 1893 eut lieu, sous la présidence du vénérable M. Richard, archiprêtre de Niort et délégué par l'autorité diocésaine, la bénédiction de la première pierre.

Certes la cérémonie n'avait pas la splendeur de celle durant laquelle Mgr Bellot, en 1881, avait lui aussi béni la première pierre d'un édifice qui n'en reçut jamais d'autre. Elle fut moins bruyante, plus calme. Le projet, cette fois, avait été mûri et devait se réaliser, non dans l'agitation, mais dans la mise en action prudente et raisonnée des moyens dont on pouvait disposer.

Le chantier était donc ouvert. Mais des sommes importantes allaient être bientôt et périodiquement réclamées par l'architecte et l'entrepreneur. Sans doute à la fin de novembre 1893, les recettes atteignaient 34.000 francs, mais il faut ajouter que le 17 décembre de la même année, les murs de l'église s'élevaient déjà à 7 mètres. L'on s'était décidé, en effet, à poursuivre les travaux de l'église surtout le pourtour et en même temps sans procéder par parties séparées, les murs de séparation devant entraîner trop de frais.

Quêter, tendre la main, ç'avait été jusque-là le moyen pour M. le Curé de toucher les âmes et de les amener à participer à l'œuvre si intéressante de la construction de l'église. Durant les 10 ans nécessaires pour l'achèvement de l'édifice, des dons nombreux furent faits, la plupart très modiques, quelques-uns plus importants ; rarement de grosses sommes ; à peine si quelquefois ces dons dépassèrent mille francs. La charité pourvoit à tout, elle a tant de moyens de se manifester ! Une pauvre servante apporte quelques cent francs retenus sur ses gages. Plusieurs jeunes filles employées dans un magasin à Paris et s'intéressant à l œuvre de Saint-Etienne, mettent de côté sur chaque coupon de tulle qu'elles vendent, un sou auquel elles ont droit. Ce sera pour l'église. Et que d'autres détails touchants, parfois même héroïques nous pourrions donner si la discrétion ne nous empêchait de révéler ce que la charité a imaginé.

Que de dons, si minimes soient-ils, furent trouvés dans les différents troncs de l'église, sous le couvert de l'anonymat.

La charité eut sa grande part dans la construction de l'église. M. le Curé l'utilisa et l'organisa. Dès le mois d'octobre 1893, aussitôt la pose de la première pierre, il fit imprimer un grand nombre de cartes $0^m10/0^m13$ sur lesquelles se détachaient en grosses lettres ces mots : « *Le sou du tabernacle* ». Au dessous se trouvaient 260 petits carrés que l'on perçait moyennant 0 fr. 05. La carte ainsi trouée rapportait 13 fr. Au verso se trouvaient quelques invocations, une citation de sainte Thérèse et des extraits de lettres du cardinal Pie et de Mgr Juteau relativement à l'église.

Dans combien de foyers pénétrèrent ces cartes, combien de mains sympathiques ou non en percèrent les trous, forcées par les quémandeurs généreux, quelles sommes furent versées par elles dans l'escarcelle du quêteur qu'était M. le Curé de Saint-Etienne? Il serait difficile de le dire au juste. Ce qui est certain, c'est que l'accueil fut partout favorable à ce procédé et que pendant plusieurs années le nombre fut considérable des personnes qui s'ingénièrent à les faire circuler.

Quelques années plus tard, en février 1896, M. le Curé, pressé par plusieurs personnes, essaya d'organiser la « *Boule de neige à un franc* ». Une petite circulaire en faveur de l'église serait envoyée à deux personnes qui verseraient un franc. Chacune enverrait ensuite la circulaire à deux autres personnes qui elles aussi verseraient un franc et transmettraient le mot d'ordre dans les mêmes conditions. Ce projet lancé par des amis, en Dauphiné, en Provence et même à Paris, réussit peu et fut loin de remplacer le « *sou du tabernacle* ».

M. le Curé reconnut bien vite que ce serait lasser la charité que d'attendre tout d'elle sans rien lui rendre. Il lui laissa le champ libre toujours, mais il s'ingénia en même temps à forcer la main des bienfaiteurs qu'il engageait de gré ou de force dans des impasses (concerts, kermesses, ventes de charité...) d'où ils ne pouvaient sortir qu'après avoir vidé leur bourse au moins en partie.

Dès 1894, M. l'abbé Riquet se fit pour le bien « *entrepreneur de fêtes publiques* ». Ce fut un procédé courant pour lui, durant de longues années, pour attirer l'eau à son moulin. Qui pourra dire les soucis, les fatigues, les ennuis même que causèrent ces organisations de fêtes importantes qui se donnèrent à Niort et à Paris.

Les jeudi et vendredi 10 et 11 mai 1894, une première vente de charité se fit au bénéfice de l'église de Saint-Etienne, dans les locaux de l'Ancienne Préfecture. Qu'allait donner ce début?

Deux salles se trouvèrent occupées, l'une où se fit la vente, l'autre où se donnèrent les concerts. Mme la générale de Saint-Ouen et Mme Joffrion acceptèrent la présidence et se mirent à la disposition de M. le Curé pour demander aux dames de Niort de vouloir bien, avec elles, se faire « *vendeuses* » pour le bien et tenir les différents comptoirs : bazar, buffet, papeterie, articles de fumeurs, objets d'art, fleurs...

De son côté, le grand « *maître* » niortais M. Tolbecque, organisa un concert qui réunit artistes et virtuoses et suscita l'admiration. Le succès dépassa toutes les espérances. Le général de Saint-Ouen voulait même envoyer la musique militaire pour donner une aubade dans les jardins de la préfecture, mais la ville, toujours aimable, s'y opposa.

Les bénéfices furent de 6 à 7.000 francs. C'était un bel encouragement pour l'œuvre et pour M. le Curé une preuve qu'il possédait les sympathies de tous.

Stimuler la charité en lui fournissant une récompense fut un procédé dont M. le Curé de Saint-Etienne usa désormais souvent. Dès le mois de décembre 1894, nous le retrouvons à Paris où le 13, il donne dans la salle de Harcourt un « *concert de charité* » avec le bienveillant concours de M. Théodore Dubois, de Mlles Blanc et Hardel, de MM. Warmbrod, Willaume, Launay...

Chaque année, une, deux, et même trois fêtes de charité seront données sous la forme de concerts, de ventes, de kermesses, de sermons...

Le 5 février 1895, le Père Etourneau doit prêcher à La Madeleine, à Paris, en faveur de l'œuvre de Saint-Etienne de Niort et faire appel aux largesses des Parisiens.

Le 10 décembre suivant, les mêmes artistes qui un an auparavant avaient, dans la salle de Harcourt, fait valoir leur talent au bénéfice de l'église, reviennent à Niort coopérer à l'œuvre en se faisant entendre dans la Salle du Manège. Melle Hélène Tolbecque (Mme Pagès) fille du grand maître, se joignit a eux et contribua pour une grande part au succès qui couronna ce nouveau concert.

Heureux et de l'accueil qui leur est fait et du but de l'œuvre à laquelle ils s'intéressent eux-mêmes, les artistes se proposent déjà de revenir et en effet, un an après, jour pour jour, le 10 décembre 1896, nous les retrouvons dans la même salle, pour donner, une fois encore, un concert qui atteint à nouveau à la perfection. M. Conte, l'illustre violoncelliste niortais, leur avait aimablement prêté son concours.

Le lendemain, c'est dans l'église Saint-André qu'ils viennent, sans que la chose eût été prévue, donner un concert spirituel, toujours dans le même but. La nouvelle s'est répandue la veille au soir et le lendemain, à 10 heures, l'église est remplie de personnes charitables désireuses d'entendre une fois encore les artistes et de verser leur obole pour Saint-Etienne.

Mais que de pourparlers il a fallu engager ! que de susceptibilités il a fallu ménager pour mener tout à bien !... Et si même l'on entrevoyait la fin !... L'argent arrive sans doute, mais les travaux continuent activement et la caisse de l'œuvre a besoin d'être alimentée.

En 1897, M. le Curé à l'intention d'organiser, au mois de mai, une grande fête de charité. Toute la société de Niort est invitée dès le 3 avril à se réunir pour préparer cette fête. Après maintes discussions, échanges de vue... la kermesse est fixée aux 12-13-14 mai. Le local choisi fut la salle du Manège. Ces dames se partageront entre les différents comptoirs, toujours les mêmes : bazars, fumeurs, épicerie, fleurs...

Beau fut le résultat et pourtant huit jours à peine auparavant, le 4 mai, était venue de Paris la nouvelle du sinistre spectacle du Bazar de la Charité en flammes, sous les décombres duquel plus de 120 victimes avaient trouvé la mort. Mais la charité ne se lasse point ; elle sait trop qu'elle travaille pour le bien et que le Bon Dieu la récompensera. C'est pourquoi, trois jours durant, les comptoirs furent assaillis d'acheteurs.

C'était un nouvel appoint qui permettrait d'attendre la fin de l'année où toujours, dans la même salle du Manège, un groupe intéressant d'artistes viendront le 16 décembre se faire entendre à nouveau.

Mlles Tolbecque et Palasara, Mme Tassu-Spencer, MM. Conte, Beyle... attirèrent vite l'attention et suscitèrent les applaudissements en même temps qu'ils travaillèrent pour le bien. Pour comble de délicatesse, ils acceptèrent le lendemain de venir — on le croirait à peine — dans la chapelle du Carmel se faire entendre, à 9 h. 1/2, aux religieuses si prodigues de leurs prières pour l'œuvre entreprise et aux auditeurs, artistes pieux qui ne dédaignèrent pas une fois encore de verser leur obole durant la quête qui fut faite à cette occasion.

Le 11 janvier 1899, nouveau concert au Manège. Les artistes ont changé. Non qu'ils soient las, certes, de venir servir une œuvre, mais les difficultés sont si grandes pour réunir au même jour des maëstro qui sont retenus de tous côtés de longs mois à l'avance. M. le Curé avec son talent d'organisateur et aussi, on peut le dire, avec le concours aimable de M. le chanoine Dyversais et de Mlle Eléonore Blanc qui, dès la première heure, en 1824, s'était mise sur les rangs, M. le Curé donc organisa une fête splendide où l'on vit apparaître M. et Mme Sadi-Péty, MM. Cottin, M. Calame, M. Déré et le jeune artiste de 13 ans, grand dès ses débuts et dont tout le monde applaudit la virtuosité, M. Jean Déré.

C'est à peine si une fête en attendait une autre. Dès le mois d'avril de la même année 1899, l'église étant à peu près terminée, M. le Curé organisa dans cet immense édifice une nouvelle kermesse de charité. Elle promettait du succès, chacun en apportant son aumône pourrait contempler l'œuvre de sa charité et s'exciter à des dons généreux en vue de l'achèvement définitif.

Cette fête dura trois jours, les 25, 26, 27 avril 1899. Elle fut d'un beau rapport. Les magasins, comptoirs, kiosques, construits dans toutes les embrasures avec un goût exquis, firent l'admiration des acheteurs. Plusieurs notabilités de Niort apportèrent leur concours actif, les uns en établissant un atelier de photographie qui eut grand retentissement, d'autres en donnant des séances de projections. « *L'Homme araignée* » invention ingénieuse qui attirait, tout en répugnant, fut une des particularités de cette kermesse.

Le soir, de nouvelles réunions étaient annoncées pour entendre et admirer, le mercredi, « *L'Oratorio de Sainte-Radégonde* », du comte de Beaufranchet, si bien rendu par des artistes niortais de bonne volonté, et le jeudi, la « *Nuit de Noël* », de l'abbé Gusteau.

Des rapports avec le R. P. Desjardin, oratorien de marque qui avait fondé une œuvre intéressante en recherchant parmi les enfants pauvres ceux qui semblaient avoir le plus de dispositions pour la musique afin de les développer dans ce sens, permirent d'avoir, dans un concert donné le 8 janvier 1900 à la salle du Manège, deux enfants de grande valeur : Fernand Gillet et Joseph Bileski, le premier, hautbois de l'Opéra ayant obtenu le 1er prix du Conservatoire, et le second, violoniste réputé, tout enfant encore et élève du Conservatoire. M. Jean Déré les accompagnait. C'est dire le succès que durent remporter ces jeunes artistes que l'on vint de partout entendre, applaudir et dont les noms se redisaient avec admiration.

L'ingéniosité de M. le Curé avait jusque-là tout mené à bonne fin. Loin d'être à cours de procédés, il cherchait les moyens d'intéresser en offrant à tous des récréations toujours parfaites, toujours nouvelles. Au mois de mars 1900, il entrait en relation avec Théodore Botrel. La Providence l'avait permis pour le bien de l'œuvre. Ame généreuse, avide de se répandre surtout quand il s'agit de rendre gloire à Dieu, le « *barde breton* », répondit avec empressement au désir que lui exprima M. le Curé de l'avoir pour le 27 avril.

Quel triomphe, quel enthousiasme, lorsque sur un théâtre dressé dans le fond du nouvel édifice, Botrel apparut pour se faire entendre des spectateurs nombreux et empressés. Son nom depuis plusieurs semaines volait de bouche en bouche et chacun attendait le moment où il pourrait admirer puis applaudir cet « *homme au grand cœur* ». Le succès fut considérable et le « *poète* » ne fut pas insensible à la sympathie qu'il rencontra ; aussi promit-il de revenir. Deux âmes généreuses s'étaient rencontrées, elles se comprirent et depuis ce temps elles sont restées étroitement unies.

En attendant le retour de Botrel à Niort, retour qui ne devait avoir lieu qu'en mai 1902, une nouvelle vente de charité fut faite les 11, 12, 13 mai 1900. Comme résultat pratique, elle dépassa celle de l'année précédente : plus de 8.000 francs entrèrent dans la caisse de l'œuvre. — Les fêtes de Saint-Etienne étaient réputées. Nul en y venant n'avait la crainte d'être déçu.

Les chanteurs de Saint-Gervais se firent entendre le mercredi 5 janvier 1902, dans l'église ouverte au culte depuis le 11 mai 1901 et un concert de charité fut donné par Mme Diey, Mlle Magnien, MM. Comène, Conte, Déré, Schwab, le 19 janvier de la même année.

1902, c'était, comme on le voit, l'année des fêtes. Deux mois après le baptême des cloches, le 15 mai 1902, Botrel réapparut à Niort, dans la salle des fêtes du Collège Saint-Hilaire. L'on n'avait pas mal auguré en pensant que le succès passerait cette fois encore toute mesure et que, apôtre autant que poète, Botrel saurait prêcher en faveur de l'œuvre pour laquelle il chantait.

Botrel s'était fait le compagnon d'armes de M. le Curé de Saint-Etienne. A part un concert spirituel donné le 14 janvier 1903 par MM. Dœne et Liégeois, deux mois après l'inauguration des orgues, aucune grande fête ne fut plus donnée avant son retour, en avril 1906.

Ce fut comme autrefois un bruit considérable fait autour de lui et sur les murs de la ville, partout l'on voyait une grande affiche rouge rayée de blanc annonçant un « *Concert Breton* » donné à la Salle du Manège le 19 avril. Beaucoup s'empressèrent de revenir entendre le fameux chansonnier dont la renommée était déjà si artistement établie.

Botrel ne revint plus à Niort, malgré ses désirs si souvent

exprimés. Les circonstances en ont décidé autrement. Peut-être le pressentait-il lorsque quittant M. l'abbé Riquet il lui laissait son portrait avec cette phrase en exergue :

Que le Bon Dieu bénisse et garde
Cette maison que je connais si bien.
Tel est le vœu de l'humble barde
Breton, patriote et chrétien.

Avec Botrel s'est aussi terminée la série des grandes fêtes organisées par M. le Curé pour subvenir aux besoins de l'œuvre. Je n'ai noté que les plus importantes, me contentant de les énumérer, évitant de donner des détails qui eussent été pourtant bien intéressants.

Ce que je n'ai pas relaté, ce fut l'esprit d'initiative, le talent d'organisation, les qualités de jugement que l'on retrouva toujours chez M. l'abbé Riquet. Parler des fatigues, des ennuis, des contrariétés même serait un lieu commun, car tous savent parfaitement que des entreprises de ce genre ne se font pas sans grands soucis. Mais combien sont rares ceux qui aboutissent aussi pleinement ! Les prières que M. le Curé de Saint-Etienne réclamait à tous et toujours, son abandon surnaturel aux volontés de Dieu ses qualités et son esprit méthodique ont pour la plus grande part contribué au plein succès.

L'Édifice

Il n'est pas besoin de dire que si M. le Curé de Saint-Etienne organisa tant et de si belles fêtes ce fut moins pour plaire, quoique le sens artistique dans toutes ces fêtes ait été très développé, que pour remplir la caisse de l'œuvre. Au fur et à mesure, en effet, que les fêtes se donnaient, l'édifice s'élevait.

Les fondations furent établies dès le mois d'août 1893, un mois avant la bénédiction de la première pierre. M. Boutaud, nous l'avons déjà dit, était l'architecte. Il avait projeté de faire beau, solide et vaste à des prix modérés. Il lui fallut tout son talent d'architecte pour mener à bien ce projet.

M. Girard, entrepreneur à Niort, fut désigné pour diriger les travaux. C'était chose importante et toujours il sut seconder, comme il le devait, l'architecte qui avait en lui pleine confiance. Sous sa direction, les travaux furent activés et dès le mois de décembre 1893, les murs atteignent déjà la hauteur de 7 mèt. tout au moins sur une partie notable du pourtour de l'église, environ la moitié. Les ouvriers demeurèrent toujours au chantier, sauf l'hiver où nécessairement, tant que les voûtes ne furent pas achevées, les travaux se ralentirent.

Les murs s'élevèrent presque à vue d'œil et en 1896 l'on était arrivé à hauteur des charpentes. Celles-ci, véritable ouvrage d'art, furent faites solides par M. Ducoing, route de La Rochelle.

La couverture d'ardoise fut ensuite établie par M. Imbro, couvreur, habitant du Port.

Au sommet de la charpente, au-dessus du sanctuaire, une croix en fer forgé, œuvre de M. Emile Laurent, serrurier et chantre de la paroisse, fut fixée le 15 octobre 1896. M. le Curé avait choisi pour la bénir le jour de la fête de Sainte-Thérèse se rappelant toujours la parole de cette grande sainte : « *Une des* « *grandes consolations de la vie pour moi, c'est de voir une église de plus. Fallut-il, pour en relever une seule, affronter les plus grandes souffrances, il me semble qu'on ne le devrait pas craindre.* »

Cette croix avait été offerte par une personne généreuse qui ne voulut point se faire connaître et qui réclama simplement des prières pour obtenir la grâce d'une bonne mort. A l'intérieur avait été scellé un papier relatant la date et les circonstances de la bénédiction, avec quelques invocations.

Dans le mur de l'église du côté de l'Evangile, à la 4e abside, une pierre avait également été creusée dans laquelle on fixa une plaque de plomb où avaient été gravés en quelques mots brefs l'histoire de l'église et la date de la pose de la première pierre.

Les travaux avaient été rapides et bien conduits. Les murs s'élevaient entre des contreforts sur lesquels ils reposaient. Des fondements de 2 mètres avaient été solidement établis. Tous les efforts de la poussée étaient portés sur des pilastres auxquels fut donnée une résistance en rapport avec les pressions à supporter.

Rien n'avait été négligé pour ce qui regardait les matériaux à employer. Extérieurement, on utilisa la pierre rousse du Vivier et la pierre de Souché. Les glacis et pinacles étaient en pierre de taille. Intérieurement, la grosse maçonnerie était en pierre de Souché. Mais toutes les parties devant recevoir des sculptures, a galerie des tribunes, les arrêtes des portes et des fenêtres étaient en pierre de Lourdines. Les colonnes étaient en granit de La Chapelle Saint-Laurent. Le sable provenait, pour le gros œuvre, des carrières de Sainte-Pezenne. Celui destiné à la pose et aux crépissages était de la Sèvre. On se servit de chaux hydraulique provenant des fours de Marennes. Les caissons de voûtes, élevées par M. Villeret, entrepreneur à Poitiers, étaient en briques et la chape à l'intrados et à l'extrados en mortier bâtard.

Le bois qui servit pour la charpente était en sapin rouge du Nord, de première qualité. On avait veillé à ce qu'aucun défaut ne s'y trouvât et l'on utilisa du sapin exploité depuis deux ans au moins.

La couverture fut faite en ardoises provenant des carrières d'Angers et soutenues par des crochets en fil de fer galvanisé.

Les murs de la nef au départ avaient un mètre d'épaisseur et $0^{m}60$ à partir des tribunes.

Comme on le voit l'édifice était solidement établi.

Mais tout n'était pas terminé. De larges baies s'ouvraient attendant les vitraux nécessaires pour achever la clôture intérieure. Plusieurs grands entrepreneurs se mirent sur les rangs, offrant leurs services. M. Dagrant, peintre-verrier de Bordeaux, déjà renommé, fut choisi comme étant le plus à même de faire à la fois œuvre artistique et durable. Le 22 mai 1896, il se trouvait à Niort avec M. Boutaud pour discuter les travaux qui commenceront en 1897.

La pose des vitraux dura presque quatre ans. Les ouvertures du bas étaient fermées par un briquetage qui fut enlevé au fur et à mesure de la pose. Quant aux grandes baies vitrées du haut, elles furent totalement closes par de vastes verrières en mars 1899, ce qui permit, au mois d'avril suivant, de donner une kermesse dans l'église désormais fermée à tous vents.

Ce fut un travail difficile que celui de la pose de tous ces vitraux, non que les mesures et plans métrés fussent difficiles à prendre et à réaliser, quoique plusieurs erreurs commises par des ouvriers, aient parfois obligé à recommencer, mais parce que M. le Curé, ainsi que l'architecte voulaient un travail d'un goût achevé, artistique, répondant bien aux exigences de la liturgie et aux traditions ecclésiastiques.

Chacun des cartons fut, avant d'être reproduit sur verre, examiné par une commission d'artistes choisis à cet effet, pour examiner avec soin dessins et couleurs. On doit dire que cette commission prit son rôle à cœur et qu'elle ne laissa rien passer de défectueux. Plus d'une critique fut faite, plus d'une retouche imposée, et plusieurs vitraux — entre autres, celui du triomphe de Saint-Etienne, celui de Saint-Georges au fond de l'église, celui de Saint-Alexandre, de Saint-Louis — nécessitèrent bien des remarques avant d'être mis au point.

Pour la plupart, cependant, le travail de la commission fut facilité par le goût et les qualités artistiques de M. Dagrant, passé maître dans l'art très difficile de peintre-verrier. La revue de chacun des vitraux, l'expression toujours pure des physionomies, les tons chatoyants, veloutés, le rapprochement délicat des couleurs, tout cela dénote en effet des talents supérieurs que plus d'un visiteur a su apprécier.

Durant ce temps, les travaux de sculpture continuèrent sur tous les points de l'église dont les murs sont couverts de fleurons, de rosaces, de décorations symboliques ; les ouvriers des

L'Eglise Saint-Etienne

ateliers Trinité et Maché travaillèrent de longs mois avec le même goût et le même talent.

En mars 1900, un cimentier réputé : « *Alexandre, dit Chapelle* », de Poitiers, mit à l'œuvre une dizaine d'ouvriers pour établir le dallage de l'église qui consista en un béton de $0^{m}09$ d'épaisseur couvert d'une chape de ciment de $0^{m}03$. Deux allées, l'une centrale coupée par une autre tranversale, furent dallées en mosaïque. Des emplacements avaient été ménagés pour 6 becs de gaz élevés en bois sculpté et destinés à porter des flambeaux à cinq branches.

Ce dallage fut achevé pour le 27 avril, jour où Botrel donna un si magnifique concert dans l'église.

L'avant-chœur, le chœur et les marches qui y donnent accès furent également dallés en mosaïque, ceci vers la fin de juillet.

Sous le chœur avait été ménagée une crypte ou mieux la la chapelle des âmes du Purgatoire, au fond de laquelle se trouvent dans le mur plusieurs tombeaux cachés par une pierre. De ce fait, le chœur se trouvait élevé de $1^{m}20$ environ au dessus du plan de l'église.

Au milieu du chœur fut dressé, en 1901, un magnifique ciborium supporté par quatre puissantes colonnes de granit. La voûte en ciment armé fut élevée par M. Poissonneau, de Poitiers. C'était le gros œuvre. L'achèvement artistique de ce monument qui se dresse avec tant d'élégance au-dessus du sanctuaire était réservé à MM. Trinité et Maché.

L'église était donc terminée en grande partie. Le dallage, était achevé ; le maître-autel venait d'être posé, rien n'empêchait plus l'ouverture pour le Culte ; sans doute les chapelles de l'abside n'étaient point encore finies, plusieurs autels manquaient, mais cela n'avait que peu d'importance.

Dès le 4 juillet 1900, par l'intermédiaire de M. l'abbé Caublot, aumônier du Lycée, question fut posée à M. le Préfet, s'il y aurait inconvénient à se transporter de la chapelle de la rue de l'Orphelinat dans la nouvelle église ?

La réponse fut favorable : « *J'ai l'honneur de vous faire*

« *connaître que la demande à produire doit émaner du* « *Conseil de Fabrique, dont la délibération devra être* « *communiquée au Conseil municipal. Lorsque les délibé-* « *rations prises par ces deux assemblées me seront parve-* « *nues, je provoquerai moi-même l'avis de l'Evéché.*

« *S'il y a accord entre les diverses autorités civiles, je* « *prendrai alors un arrêté pour autoriser l'ouverture de* « *la nouvelle église. En cas de désaccord, cette ouverture* « *ne pourrait être prononcée que par un décret* ».

Le Conseil de Fabrique se réunit le 7 novembre 1900, dans le but de rédiger la demande légale et M. Théophile Geffré, à titre de président, fut chargé de faire les démarches.

Quelques jours ensuite, 27 novembre, M. le Préfet, saisi de l'affaire, disait à M. l'abbé Périvier, Vicaire général, « *qu'il ne prévoyait aucune difficulté* ». La municipalité était loin d'être aussi favorable. Le « *désaccord possible* » existait et aucun « *décret* » ne fut prononcé.

Ce fut donc en toute intimité, avec l'approbation officieuse de M. le Préfet et de M. le Maire, que le 11 mai 1911, jour anniversaire de la naissance de M. le Curé, les fidèles se transportèrent de la chapelle si charitablement prêtée depuis si longtemps dans la magnifique église pour laquelle tant de vœux avaient été faits.

Point d'affiche pour annoncer cet événement, point de bruit pour attirer la foule. Le vendredi soir seulement, M. le Curé annonça aux personnes assistant au mois de Marie que le lendemain 11 mai, avec l'approbation de Mgr l'Evêque de Poitiers, qui envoyait à tous sa bénédiction, la messe serait célébrée dans le nouveau sanctuaire.

On devine en effet l'émotion qui en étreignit plus d'un. Le lendemain au point du jour, de nombreux paroissiens s'étaient réunis dans l'église, la nouvelle étant déjà connue de tous. M. le Curé passa à travers les rangs, le long des murs, bénissant ce nouvel édifice où chaque jour désormais le Saint-Sacrifice allait être offert. Quelle joie ! quelle consolation !

lorsqu'en ce matin de mai, tenant entre ses mains la Sainte Hostie dans laquelle Notre-Seigneur était descendu, M. le Curé put dans le cœur à cœur de son âme sacerdotale converser avec le Bon Maître pour lequel il avait si bien travaillé.

Le but était atteint, la paroisse possédait son église tant rêvée. Sans doute quelques embellissements manquaient, mais en peu d'années l'édifice sera paré, on pourra dire avec luxe.

Tout d'abord, des chaises en grand nombre, dans le style de l'église et d'un goût exquis, furent commandées à M. Vallier et à M. Métayer, qui déjà avait fait les charpentes du beffroi et fourni le bois pour la plupart des constructions.

Les autels des différentes chapelles du Sacré-Cœur, de la Sainte Vierge, de Saint-Joseph, de Sainte-Anne, de Saint-Antoine-de-Padoue, de Saint-Fiacre et des Ames du Purgatoire se dressèrent peu à peu. Toujours riches dans leur parure de marbres et de bronzes dorés, avec leur décoration de mosaïques et de laves peintes, tous excitent l'admiration sans jamais se ressembler.

Il manquait une chose pourtant indispensable : une cloche afin d'appeler les fidèles au saint lieu. Une cloche ! Que ferait-elle, isolée tout là-haut dans le beffroi ? M. le Curé le comprit et ne résista pas au désir de posséder un carillon complet dont la sonnerie remplirait de joie tous les paroissiens de Saint-Etienne qui désormais n'auraient plus rien à envier à leurs frères de la ville.

M. l'abbé Riquet entra dès l'instant — septembre 1901 — en relation avec M. Bollé, fondeur à Orléans. L'entente fut facile et il fut décidé que trois cloches seraient commandées sonnant le *la*, le *fa*, le *sol*.

Date fut prise avec Mgr Pelgé du 19 mars 1902 pour les bénir et les élever dans leur clocher.

Ce fut bien une journée radieuse que celle du 19 mars, journée de joie pour tous, journée de gloire pour M. le Curé.

Nombreux furent les assistants de cette magnifique cérémonie, l'église fut de beaucoup trop étroite. Mgr Pelgé, assisté au trône par M. le chanoine Périvier, Vicaire général, et M. le chanoine Péret, écouta le récit, qu'avec beaucoup d'émotion lui fit M. le Curé, de l'histoire de son église, des vicissitudes qu'avait entraînées la construction, et aussi des joies dont elle lui avait rempli le cœur.

Rendant justice au mérite de M. le Curé de Saint-Etienne, qui avait su mener à bonne fin une œuvre aussi considérable, Mgr l'Evêque de Poitiers, se leva alors pour annoncer à tous qu'il nommait M. l'abbé Riquet chanoine honoraire. Aussitôt, ce furent des applaudissements, des cris de joie, des acclamations enthousiastes qui en dirent plus long que tous les compliments. A grand'peine l'on arriva à apaiser ce bruit. Mgr Pelgé lui-même souriait devant cette manifestation populaire, traduction si vivante des sympathies qui se trouvaient dans tous les cœurs.

Une cantate fut ensuite exécutée, œuvre de M. l'abbé Mouchard pour les paroles, et de M. Déré pour la musique.

M. l'abbé Caublot, aumônier du Lycée, monta alors en chaire. Nous regrettons de ne pouvoir reproduire *in extenso* ce discours, si pieux, si littéraire, dans sa tournure, où le symbolisme des cloches nous est exposé si délicatement, où leurs fonctions sont redites avec tant d'éloquence. L'espace nous manque et nous nous bornons à renvoyer les lecteurs à une brochure parue en 1902 et donnant le compte rendu de la bénédiction des cloches et des orgues et reproduisant ce discours.

Mgr Pelgé descend ensuite pour procéder aux cérémonies liturgiques du baptême, cérémonie qui a grande analogie avec celle du baptême des enfants. Des exorcismes sont faits, des purifications et lavages ordonnés, des questions sont posées, auxquelles répondent parrains et marraines. Chacun essaie de voir. Hélas ! beaucoup n'eurent que des échos de la cérémonie.

Dans la soirée, des ouvriers habiles dans cette manœuvre, eurent tôt fait d'élever les trois cloches dans leur tour d'où elles se firent entendre en un carillon d'allégresse que tout le monde écouta avec joie.

Elles sont là-haut maintenant, perchées dans leur beffroi, graves toujours, redisant leur histoire, leurs noms et leurs prières, inscrites en relief sur leurs flancs. L'une, Marie-Magdeleine-Gabrielle, sonne le *fa*, pèse 880 kilos et eut pour parrain M. Louis-Etienne Arnaudet, marié à Mlle Bérard, et pour marraine : Mme la comtesse de Maurès de Malastic, née de Ferrand.

La seconde, Marie-Mathilde-Marthe-Léonie, sonne le *sol* et pèse 610 kilos ; elle eut pour parrain M. de Lacoste-Lareymondie, époux de Melle Marthe de Salaignac, et pour marraine Mme G. Deville, née Le Mouton de Boisdeffre, représentée par Mme Deville, née Gigaud de Grandpré.

La troisième, Eustelle-Louise-Andrée-Etiennette, pèse 430 kilos. et sonne le *la* ; son parrain fut M. Th. Geffré, époux de Melle Bouleau, et sa marraine Mme Th. Boinot, née Raoult.

Que de fois n'ont-elles pas chanté et que de doux souvenirs elles rappellent au vénéré Pasteur !

De toutes ces harmonies, l'église encore était pleine lorsque le 26 novembre de la même année 1902, les orgues furent bénites par M. l'abbé Périvier, Vicaire général.

Ce fut une cérémonie toute artistique, grâce aux mélodies de l'orgue dont M. Daene, organiste de Saint-Ferdinand de Bordeaux, sut faire valoir les qualités remarquables grâce aux chœurs si bien dirigés par M. l'abbé Mouchard, habilement secondé par le jeune et déjà brillant organiste de Saint-Etienne, M. Auguste Brossard, grâce aux solos si mélodieux de M. l'abbé Lacôte et de M. Laurent, qu'accompagnait le distingué compositeur M. Maillochaud.

M. l'abbé Frémont couronna cette fête par un discours dont les accents élevés firent ressortir la supériorité de la musique sur la parole humaine et expliquèrent pourquoi l'Eglise a tant aimé et distribué dans ses cérémonies les mélodies religieuses. Sa parole enflammée aux larges périodes abondantes d'images captiva les auditeurs peu habitués à une si belle éloquence.

L'orgue occupa désormais la place qui lui avait été destiné

au fond de l'église. Instrument jugé irréprochable de tous points par des experts sérieux, il était l'œuvre de M. Brière, constructeur à Paris. L'acquisition en fut providentielle. Et a ce propos, nous devons rappeler le souvenir de M. Tolbecque, qui joua un grand rôle dans toutes les démarches faites en vue de l'achat.

L'orgue avait été construit pour une grande salle de concert à Bordeaux. A peine s'il avait servi quelquefois et déjà il était à revendre. On eut pu croire qu'il avait été commandé pour Saint-Etienne. Les dimensions étaient exactes, la puissance des 14 jeux était bien suffisante pour remplir l'édifice de sons harmonieux. L'occasion était parfaite et M. Tolbecque poussa vivement M. le Curé d'en profiter, mettant à sa disposition ses conseils et ses relations de maître et d'artiste.

Quelques mois plus tard, s'achevait le ciborium, inauguré le 29 mai 1903, dans une cérémonie où se fit entendre le Supérieur du Collège de Saint-Hilaire.

L'œuvre artistique, nous l'avons dit, est due à MM. Trinité et Maché, qui firent les sculptures et fixèrent les statues, et la croix provenant de la maison Raffl, à Paris. Travail original, plein de grâce et d'élégance et répondant bien aux exigences liturgiques.

La table de communion, l'entourage du chœur, le tout en fer forgé, travail difficile qui révèle le goût exquis de l'architecte et le talent du serrurier, M. Laurent, furent posés vers la fin de 1903.

Des stalles furent alors établies chaque côté de l'avant-chœur. Toutes en chêne, elles dénotent, par la perfection du travail, la valeur de M. Charrier, entrepreneur de menuiserie, et de ses ouvriers. Au reste, c'est à la maison Charrier que furent confiés tous les travaux de menuiserie que l'on retrouve dans l'église ou dans les sacristies. Confessionnaux, portes massives, pleines pourtant d'élégance et de solidité, meubles...

L'église fut définitivement terminée lorsque en août 1906 fut posé l'autel de Saint-Fiacre. Sans doute il manque la flèche qui parachèverait si bien l'édifice mais c'est là une œuvre toute d'ornementation extérieure et de nulle nécessité. Et puis! Qui sait si tôt ou tard elle ne se dressera pas vers le ciel pour porter plus haut les prières des paroissiens de Saint-Etienne et leurs vœux pour leur vénéré Pasteur ?

Ainsi fut élevé ce monument d'architecture qui remplit d'émerveillement tous ceux qui le visitent. Original, cet édifice est difficile à analyser. Pur XIIIe siècle, quant au style, on trouve cependant ici et là quelques détails empruntés à l'art byzantin et qui sont du plus bel effet. D'aucuns ont voulu voir dans cette église d'une seule nef, une triplicité obtenue par l'évasement des dessous du triforium, ce n'est point ce qui frappe au premier abord. Ce qui caractérise, c'est surtout la pureté des lignes, la sveltesse des colonnes superposées sur lesquelles viennent se reposer les arcs-boutants. Les proportions toujours gardées, rendent gracieux et élégants les moindres détails, la richesse des décorations sculpturales flatte l'œil qui ne peut s'arrêter à ces lignes longues et dénudées que l'on retrouve dans trop d'édifices. Partout nous retrouvons la même ornementation symbolique : chapiteaux, sculptures représentant les fleurs ou les fruits auxqnelles des traditions bibliques ont accordé un sens spécial. Les tons chatoyants des vitraux répandent dans ce sanctuaire une lumière éclatante qui jaillit de partout sans nuire au recueillement.

Le ciborium, d'un grand effet décoratif, se dresse svelte et puissant au-dessus de l'autel. Une croix le domine au pied de laquelle se trouvent les quatre évangélistes avec les symboles qui les distinguent. Aux quatre angles, des anges se tiennent recueillis les ailes élevées, portant les insignes de la Passion.

Sous ce dôme se dresse le maître-autel en marbre blanc orné d'une belle mosaïque représentant le Christ enseignant. C'est bien le lieu où peuvent se concentrer tous les regards de tous les points de l'église ; en effet, où que l'on soit, l'on peut apercevoir le prêtre à l'autel.

Six chapelles rayonnent autour du sanctuaire : celles du Sacré-Cœur, de la Sainte Vierge, de Saint Joseph, de Sainte Anne, de

Saint Antoine et de Saint Fiacre. Toujours riches dans leur ornementation, elles possèdent chacune un autel en marbre. Les plans diffèrent, mais tous sont ravissants dans l'originalité de leur conception. Des laves peintes partout complètent leur gracieuseté.

Au dessous du chœur se trouve la chapelle des âmes du Purgatoire. Sombre et recueillie, elle ne reçoit qu'un peu de lumière provenant des ouvertures qui donnent sur le pourtour du chœur. Comme ornement, elle n'en a point, si ce n'est le bel autel de marbre blanc et noir sur lequel sont gravées les lettres A ω.

Derrière le chœur, une porte de $1^{m}60$ de large donne accès à un couloir sur lequel s'ouvrent trois sacristies, celle du milieu, plus petite, n'ayant que $5^{m}95$ sur $6^{m}40$, est réservée au clergé paroissial ; les deux autres, plus vastes, $7^{m}20$ sur 7^{m}, sont réservées pour les enfants de chœur et les enfants du catéchisme. Deux grandes baies vitrées donnent en abondance la lumière nécessaire pour éclairer les trois salles.

Les dimensions exactes de l'église sont les suivantes : sous clef de voûte, l'église atteint $26^{m}20$ de hauteur. La longueur totale est de $48^{m}45$ non compris le clocher, celui-ci à 4 mètres de large et atteint $5^{m}20$ dans le sens de la longueur, en prenant l'épaisseur du tour qui est de $1^{m}20$. La largeur de l'église est de 15 mètres ; la portée des voûtes est de 13 mètres.

Tel fut le splendide édifice construit par M. Boutaud. Ame d'élite, artiste plein de foi, profondément pénétré de l'esprit du bien et du beau, connaissant mieux que personne les traditions ecclésiastiques, architecte de talent déjà recherché et de bien loin pour élever au Bon Dieu des temples dignes de Lui, il avait dans une prière conçu ce joyau que beaucoup ont appelé son chef-d'œuvre. Généreux à l'excès, voulant avant tout travailler pour Dieu. M. Boutaud fut le digne auxiliaire de M. l'abbé Riquet, auquel il prêta son beau talent. Ils étaient bien faits pour se comprendre et ensemble ils ont élevé ce temple magnifique.

La Rançon de la Gloire

Toutes les personnes, et elles sont nombreuses, qui se sont intéressées à l'œuvre de la construction de l'église, reliront avec intérêt les détails notés dans les chapitres précédents, détails que beaucoup connaissent déjà. Mais ce que la plupart ignorent, ce sont d'une part, les sommes considérables qu'il a fallu verser, d'autre part, les soucis dont M. le Curé a pu être l'objet.

I. — Des deux côtés, il serait difficile de donner la mesure exacte. Toutefois, pour ceux que ces détails pourraient intéresser, nous pouvons donner les chiffres suivants :

Bâtiments de l'église (maçonnerie) tout compris.......	87.028	53
Ravalement intérieur...........................	1.406	»
Plus-value accordée pour l'extérieur.................	3.263	24
Clocher de l'établissement à l'entablement...........	28.330	58
Clocher de l'entablement à la hauteur arrêtée........	11.738	60
Voûtes..	11.264	09
Voûtes des chapelles et de l'abside.................	2.175	55
Voûtes des fonts baptismaux......................	235	34
Crypte..	8.933	95
Dallage de la crypte............................	284	64
Meneaux..	7.465	»
Balustrade du Triforium.........................	2.483	32
Dallage de la tribune...........................	667	39
Grandes colonnes de granit......................	3.677	50
Petites colonnes de granit dans les pieds de pile........	1.456	40
Six colonnes blanches sous le clocher...............	90	»
Deux colonnes blanches à la porte de la sacristie......	20	»
Escalier de la sacristie à la tribune................	705	»
Tribune du clocher et intérieur de l'escalier..........	2.688	28
Caisson de voûtes, crépissage....................	11.327	17
Charpente de l'église...........................	22.056	37
Travail ciment et mosaïque de l'église et du chœur....	9.143	90

Travaux de sculptures de Trinité et Maché...........	13.831	»
Ciborium..	3.646	»
Statues du ciborium : le Christ de Bouchardon........	127	»
— — les 4 évangélistes................	600	»
— — les 4 anges....................	700	»
— — l'emballage..................	104	»
Maître-autel....................................	5.000	»
Autel de la Sainte Vierge..........................	1.300	»
— du Sacré-Cœur............................	1.400	»
— de Saint Joseph..........................	1.200	»
— de Sainte Anne...........................	1.150	»
— de Saint Antoine..........................	1.400	»
— de Saint Fiacre...........................	1.600	»
Baptistère......................................	448	»
Grille en fer forgé entourant le sanctuaire............	1.288	40
Sacristies, murs, voûtes, charpentes, couverture, zinguerie..	15 104	03
Orgue, achat 2.500 francs, frais divers, 2.411 fr. 80.. Total.	4.911	80
Divers, environ..................................	20.000	»
Maison du sacristain.............................	4.266	28

Le total de la somme se monte à environ 300.000 francs.

II. — Mais comment, pourrait-on dire, M. le Curé, qui a son arrivée n'avait que 8.000 francs en caisse, a-t-il pu réunir des sommes aussi considérables ? Le secret!! Il a été livré précédemment : l'amour du Bon Dieu, l'appel constant à la charité, la mise en action de tous les talents et bonne volonté, tels furent les moyens utilisés.

Il ne faudrait pas croire pourtant que M. le Curé n'eut pas de préoccupations. Dans l'organisation des fêtes, que de fatigues! de craintes!! Que de susceptibilités à ménager, de froissements à éviter! Ce furent là bien des soucis ! Le démon lui-même se démena plus d'une fois. Lorsque, par exemple, en décembre 1894, le Père Etourneau devait prêcher à la Madeleine en faveur de l'église Saint-Etienne, M. l'abbé Riquet, qui se faisait une joie de quêter lui-même fut retenu à Niort dans son lit.

Le Père Etourneau, de son côté, se vit contraint, en raison

d'une grippe, de céder la place à un prédicateur de moins de valeur. Cela, semble-t-il, ne suffisait pas ; le soir même du sermon de Charité, un verglas extraordinaire interdit à Paris la sortie dans les rues. La quête de l'église rapporta peu. Heureusement que de bienveillants quêteurs allèrent à domicile recueillir les aumônes.

Ces circonstances dira-t-on sont cependant extraordinaires. Sans doute, mais elles sont toujours à redouter.

Et durant la construction, que de tracas !

C'est l'entrepreneur et les ouvriers qui attendent de l'architecte un ordre qui ne vient pas ; c'est un travail mal fait qu'il faut reprendre, et surtout, ce que réclament continuellement entrepreneurs et ouvriers, c'est l'argent qui souvent n'est pas encore en caisse.

Des accidents aussi se produisent. En novembre 1897, un ouvrier, arrivant avec quelques instants de retard pour la manœuvre d'une chèvre, tombe d'un échafaudage et meurt quelques heures après.

Mgr Pelgé, prévenu, envoie aussitôt une somme d'argent pour la pauvre veuve.

Le 2 juillet 1898, c'est un jeune ouvrier maçon, Gustave Perrochon, âgé de 27 ans, qui se jette d'une hauteur de 17 mètres et se fracture le crâne laissant une petite fille de 8 ans.

Quelques mois plus tard, un arc-doubleau, insuffisamment consolidé, s'écroule, renversant les échafaudages et ensevelissant le fils de l'entrepreneur, M. Girard, et deux autres ouvriers qui n'eurent heureusement que de fortes contusions.

Aux plus beaux jours de l'œuvre, des politiciens hostiles, dépités de voir s'élever une église dont ils avaient essayé d'empêcher l'érection, prétendirent que l'édifice n'était point solide et présentait un danger pour la sécurité publique. Ils envoyèrent des réclamations au Conseil municipal et à la Préfecture.

Une commission d'architectes fut réunie : tous vinrent examiner les lieux et conclurent, tout naturellement, que l'édifice ne présentait aucun danger parce que trop bien établi sur ses bases.

Des encouragements vinrent sans doute et nombreux de partout, mais il arriva bien que de mauvaises volontés se firent aussi sentir.

Faut-il se plaindre de toutes ces souffrances? Non ; c'est dans l'épreuve que se font les grandes entreprises. M. le Curé l'a compris et voilà pourquoi il garda ce sang-froid admirable qui étonnait ceux qui l'approchaient. Il avait confiance en Dieu, et cela lui suffisait.

Et c'est ainsi que l'œuvre paroissiale par excellence fut couronnée de succès.

Une chose manquait cependant au bonheur de M. le Curé. L'église n'avait pas encore reçu les onctions saintes qui devaient en faire un temple de Dieu, elle n'était point consacrée.

Quelle joie ce fut pour lui lorsque Mgr de Durfort lui annonça que le 7 juillet 1920 il viendrait, entouré de 5 évêques et abbés, consacrer cet édifice élevé avec tant de soins.

La cérémonie fut imposante, personne n'en a perdu le souvenir.

Six évêques se trouvaient réunis. Mgr de Durfort, évêque de Poitiers, consacra l'église et le maître-autel. Cinq autres autels furent aussi consacrés : celui du Sacré-Cœur, par Mgr Rumeau, évêque d'Angers; celui de Notre-Dame de Lourdes, par Mgr Arlet, évêque d'Angoulême; celui de Saint-Joseph par Mgr Garnier, évêque de Luçon; celui de Sainte Anne par Mgr Adam, évêque Thinuis, et celui de Saint Antoine par le Révérendissime Père F. M. Chouteau, abbé de Bellefontaine.

Ce fut l'achèvement de cette belle œuvre à laquelle M. l'abbé Riquet s'était tant attaché.

Et maintenant, quand Monsieur le Curé pénètre dans son église et médite au pied du Bon Maître, il se répand en chants d'actions de grâce, remerciant Dieu de l'avoir choisi comme instrument pour élever ce nouveau temple. Les bénédictions sont descendues nombreuses ! Sans doute il reste quelques soucis qu'il voudrait bien voir écarter, tels les impôts de 2.000 francs que chaque année il lui faut verser pour ce temple béni qui devrait être, au contraire, entretenu par ceux qui, au nom de Dieu, régissent les nations ; sans doute bien des préoccupations traversent son esprit lorsqu'il cherche les moyens de trouver cet argent. Mais aussitôt son regard se reporte sur le tabernacle ; il pense à Notre-Seigneur qui lui aussi a voulu porter sa croix jusqu'au bout.

Que c'est beau, en effet, lorsqu'après cinquante ans de vie sacerdotale l'on peut dire : « Mon Dieu j'ai fait jusqu'ici tout ce qui m'a été commandé, mais si vous trouvez que ma tâche n'est pas finie, je me présente encore à vous, ô mon Dieu, pour être jusqu'à la fin votre apôtre et votre prêtre.

Non recuso laborem.

NIORT
Imprimerie Saint-Denis, 11, Avenue Saint-Jean

www.ingramcontent.com/pod-product-compliance
Ingram Content Group UK Ltd.
Pitfield, Milton Keynes, MK11 3LW, UK
UKHW022131260726
13993UKWH00003B/1360

9 782329 209470